OS DEZ MANDAMENTOS

OS DEZ MANDAMENTOS

Princípios divinos para melhorar seus relacionamentos

LORON WADE

Tradução

Eunice Scheffel do Prado

Casa Publicadora Brasileira
Tatuí – São Paulo

Título do original em inglês:
The Ten Commandments

*Direitos de tradução e publicação em
língua portuguesa reservados à*
CASA PUBLICADORA BRASILEIRA
Rodovia SP 127 – km 106
Caixa Postal 34 – 18270-970 – Tatuí, SP
Tel.: (15) 3205-8800 – Fax: (15) 3205-8900
Atendimento ao cliente: (15) 3205-8888
www.cpb.com.br

1ª edição
9ª impressão – 100 mil exemplares
Tiragem acumulada: 2.102 milheiros
2007

Editoração: Marcos De Benedicto e Neila D. Oliveira
Programação Visual: Eduardo Olszewski
Capa: Eduardo Olszewski
Diagramação: Alexandre Rocha
IMPRESSO NO BRASIL/*Printed in Brazil*

Dados Internacionais de Catalogação na Publicação (CIP)
(Câmara Brasileira do Livro, SP, Brasil)

Wade, Loron
 Os Dez Mandamentos : princípios divinos para melhorar seus relacionamentos / Loron Wade ; tradução Eunice Scheffel do Prado. -- Tatuí, SP : Casa Publicadora Brasileira, 2006.

Título original: The Ten Commandments.

1. Dez Mandamentos 2. Ética cristã 3. Relações interpessoais I. Título.

06-7497   CDD-241.52

Índices para catálogo sistemático:
1. Decálogo : Teologia moral   241.52
2. Dez Mandamentos : Teologia moral   241.52

Todos os direitos reservados. Proibida a reprodução total ou parcial, por qualquer meio, *sem prévia autorização escrita* do autor e da Editora.
Tipologia: Bell MT Std 10,7/12 – 9158/17744 – ISBN 978-85-345-1014-1

Sumário

Um convite e uma promessa — 6

Amor perigoso — 13
O PRIMEIRO MANDAMENTO

Pequenos deuses — 21
O SEGUNDO MANDAMENTO

Um nome sem igual — 27
O TERCEIRO MANDAMENTO

Encontrando paz — 32
O QUARTO MANDAMENTO

O último beijo — 42
O QUINTO MANDAMENTO

Fazendo o impossível — 53
O SEXTO MANDAMENTO

A cola da alma — 61
O SÉTIMO MANDAMENTO

Algo por nada — 73
O OITAVO MANDAMENTO

Aposta na verdade — 82
O NONO MANDAMENTO

Afeto desordenado — 89
O DÉCIMO MANDAMENTO

Um convite e uma promessa

– COMO VOCÊ DESENHARIA A FACE DO MUNDO? Se você quisesse descrever a condição do planeta através de um rosto, seria ele sorridente? Ou pareceria preocupado, temeroso ou quem sabe até zangado?

Estávamos reunidos na casa de alguns amigos, na Costa Rica, quando lhes fiz essa pergunta.

– Bem, eu acho... – Francisco começou a dar sua opinião.

Mas, nesse exato momento, algo interrompeu suas palavras e nunca ficamos sabendo o que ele ia dizer. A casa de nossos amigos fazia parte de uma longa fila de casas de madeira. As casas tinham paredes em comum. Por isso, o que acontecia numa casa podia muito bem ser ouvido pelas pessoas da casa ao lado.

Enquanto discutíamos a condição do mundo, um vizinho chegou à sua casa. Batendo a porta, ele começou a gritar com a esposa. Era óbvio que estava bêbado, e o volume de sua voz aumentava cada vez mais enquanto ele exigia algo. Não me lembro mais o que era, mas se tratava de alguma coisa que ela não tinha. E, como não lhe foi dado na hora o que exigia, ele resolveu exercer sua autoridade e começou a espancá-la.

– Vou te ensinar a me respeitar – gritou ele.

Acima do terrível tumulto de pancadas e gritos, podíamos ouvir a voz de um garotinho chorando e implorando: – Não, papai. Nãããão! Não machuque a mamãe! Por favor, por favor, não a machuque.

É provável que você esteja lendo isto num ambiente seguro e tranqüilo. Alguém está gritando com você, ou ameaçando bater em você? Provavelmente não. Então, como você desenharia o rosto do mundo? Poria nele um grande sorriso? Talvez você ache que eu esteja usando um exemplo extremo, e não uma ilustração de como as coisas realmente são. Eu disse que a cena de maus-tratos aconteceu na Costa Rica, e assim está tudo bem, especialmente se você não mora lá. Afinal, esse é o tipo de coisa que sempre acontece bem longe daqui, não é? Quantas mulheres você acha que estão sendo espancadas agora mesmo, enquanto você lê? Nos Estados Unidos, isso ocorre a cada quinze segundos. E no restante do mundo?

Estou usando a violência doméstica para caracterizar a situação do mundo hoje, mas eu poderia empregar inúmeras outras ilustrações. Quantas pessoas você acha que estão neste momento remexendo algum latão de lixo ou aterro sanitário, tentando encontrar algo para comer? Sabe qual é a primeira causa de morte entre crianças no mundo? A fome. A Organização Mundial da Saúde relata que cinco milhões de crianças morrem todos os anos de causas relacionadas com a má nutrição. Isso dá 13.700 por dia. O número mensal é maior do que o de todas as pessoas que morreram no terrível tsunami de 2004.

Considere outro exemplo. Quantas pessoas você acha que estão sem teto? Não estou falando de gente que se encontra nesse estado por causa do álcool ou da ignorância; refiro-me apenas a vidas despedaçadas pela guerra e a violência étnica. O Alto Comissariado das Nações Unidas para os Refugiados tem sob seu cuidado aproximadamente vinte milhões de pessoas que estão fugindo ou vivendo em condições extremamente inseguras.

E, falando de crianças, quantas dormem todas as noites nas ruas dos grandes centros urbanos, tendo como cama apenas o pavimento frio? Ninguém sabe o número exato, mas o Unicef estima que seja por volta de cem milhões. O pior é que o número cresce rapidamente como resultado da epidemia de Aids. Uma grande porcentagem delas se tornará vítima de violência, vícios e doenças sexualmente transmissíveis. Muitas (quem sabe a maioria) se tornarão delinqüentes.

Napoleão teria dito que, na guerra, Deus está sempre do lado daqueles que têm as armas mais potentes. Hoje, ele provavelmente não diria isso, porque os terroristas não dependem de canhões, mas de uma atuação dissimulada e traiçoeira. E agora, em muitos lugares, eles se aliaram com os traficantes de drogas, que conseguem cruzar impunemente as fronteiras, e só de vez em quando são desafiados pelas forças da lei.

Durante algum tempo, parecia que a penicilina estava vencendo a guerra contra as doenças sexualmente transmissíveis, mas isso foi antes da Aids. A doença infecta pelo menos 45 milhões de pessoas hoje. Está exterminando uma grande parte da população da África subsaariana e se espalha rapidamente por outros lugares.

Pense outra vez: como você desenharia a face do mundo?

A estratégia mais comum que usamos para nos isolarmos de tanto sofrimento é a massificação. Para evitar a dor, visualizamos os que sofrem como massas sem rosto, e não como indivíduos. Outro dia, uma bomba explodiu no Oriente Médio. Mas eu não conhecia Mustafá, uma das vítimas, nem estava lá. Não precisei tentar ajudá-lo enquanto ele, sufocado com a poeira, tateava desesperadamente pelos escombros de sua casa até encontrar o corpo de sua irmã, a tímida e gentil Hannah. Minhas lágrimas não correram enquanto Mustafá batia no chão com os punhos cerrados e gemia de dor ao lado do corpo dilacerado.

É fácil falar de tragédias. Elas acontecem, claro, mas não foi minha irmã que morreu. Uma mulher é espancada a cada quinze segundos? Sim, mas eu não sinto os socos, então simplesmente transformo a experiência em estatística.

Porém, está chegando a hora em que essa estratégia de distanciamento não vai funcionar mais. A tormenta que irrompe sobre nosso planeta está se intensificando, e começa a atingir o mundo particular de cada pessoa. Uma geração atrás, a gente ouvia falar de viciados em drogas, mas quem conheceu um deles pessoalmente? Agora, ninguém duvida de que amanhã a vítima possa ser meu filho. Ou que minha filha fique grávida e faça um aborto. O ataque contra as torres gêmeas, em Nova York, foi um toque de despertar no mundo inteiro. Quem não percebe que hoje somos todos vulneráveis?

Os sensacionalistas – que andam por aí com uma mensagem de condenação – sempre se preocuparam com a condição do mundo. Agora são os pensadores mais sóbrios e bem-informados que se preocupam. Cinqüenta anos atrás, os filósofos começaram a falar sobre a "angústia existencial". Naquela época, esse era um assunto restrito a uns poucos intelectuais. Mas hoje a situação mudou.

ESFORÇOS PARA ENCONTRAR UMA SOLUÇÃO

O século 19 foi um período de otimismo sem igual na história. Foi o auge do racionalismo. As pessoas acreditavam que o mundo estava se tornando cada vez melhor. A tecnologia oferecia maravilhas incontáveis quase diariamente. As máquinas agora podiam fiar, tecer e costurar. Novas invenções transformavam a agricultura e a indústria. As pessoas viajavam rapidamente por terra e mar, impulsionadas por poderosos motores a vapor. Graças às linhas de telégrafo, recém-instaladas, a Califórnia ficou sabendo da morte de Abraão Lincoln no mesmo dia.

Com todas essas maravilhas, as pessoas acharam fácil acreditar que os problemas da sociedade desapareceriam em pouco tempo. A pobreza, a injustiça, a doença e a insanidade seriam banidas. As guerras dariam lugar à paz universal e, em pouco tempo, veríamos o fim da ignorância e da tirania.

Ninguém mais pensa assim. O otimismo daquela época acabou com a Primeira Guerra Mundial, e hoje parece cada vez mais ilusório. A ciência avança com uma velocidade ainda maior. Mas a mão que desenvolveu o transístor também nos deu a bomba atômica e a capacidade de destruir a civilização pelo apertar de um botão. E no mundo inteiro as pessoas perguntam: "Com tanta informação e tantos avanços incríveis na compreensão do Universo, como é possível que a fome, a opressão e a tirania ainda dominem o cenário?"

O problema é que tentamos fazer com que a ciência cumpra uma tarefa que não lhe foi designada. A razão pela qual essas calamidades continuam, ano após ano, é que elas não são um problema científico ou tecnológico.

Peça que a ciência projete um raio de energia eletromagnética através do espaço e nos envie uma foto da superfície de Marte ou Tritão, e ela rapidamente nos dará a resposta. Pergunte como se organiza o genoma humano ou qual é a natureza das endorfinas e como afetam as células do cérebro, e ela não hesitará em responder. Porém, se lhe perguntarmos como resolver os piores problemas da atualidade, ela terá de dizer: "Sinto muito; essa não é a minha área."

Isso acontece porque os piores problemas da nossa época não são de natureza científica, e sim moral. Pense por um momento: qual dos grandes problemas que oprimem a sociedade hoje não é de ordem moral? Todos são.

Considere, por exemplo, a fome. Há pessoas famintas não por causa de escassez de alimento no mundo, mas por causa de uma terrível desigualdade na sua distribuição. Essa desigualdade, por sua vez, é o resultado de uma distribuição ainda mais desigual de riqueza, educação e meios de produção e transporte. A opressão e a negligência dos que não têm nada por parte dos que têm demais é definitivamente um problema moral.

O que dizer de outros desafios e ameaças? Terror, opressão política e tirania são claramente situações morais. O mesmo acontece com a violência doméstica, o aborto, os vícios e o estilo de vida que tornou a Aids a maior pandemia da história. Se esses fossem problemas científicos ou tecnológicos, já teriam sido resolvidos há muito tempo, pois somos realmente bons nisso.

Algumas pessoas podem achar humilhante aceitar o que estou dizendo. Continuam apegadas ao princípio fundamental do racionalismo – a auto-suficiência. Seu lema é: "Eu posso!" Minha inteligência, minha força de caráter, meu espírito empreendedor, meu "seja lá o que for"... É sempre eu e meu cérebro que salvaremos o mundo. Esses indivíduos se recusam a admitir que certos problemas não têm solução intelectual.

Por quanto tempo mais continuaremos insistindo em procurar soluções onde elas não existem? Por quanto tempo continuaremos em pânico, batendo às portas da ciência, quando a ciência está tão frustrada quanto nós diante de sua incapacidade de oferecer respostas reais ou eficazes? Quantas evidências mais terão que nos bater na cara antes que aceitemos a realidade?

QUAL É A SOLUÇÃO?

Para início de conversa, diante do óbvio fracasso da ciência em fazer o que nunca se designou que ela fizesse, deveríamos simplesmente resignar-nos ao *status quo*? Ou existe ao nosso alcance uma solução que temos ignorado por muito tempo?

Se você tiver a oportunidade de visitar o prédio da Suprema Corte em Washington, quando a Suprema Corte não estiver reunida, os guias turísticos o conduzirão à câmara de audiência onde os nove juízes ouvem os casos. Não deixe de erguer os olhos bem acima do assento dos juízes e notar as figuras esculpidas ao longo da borda do teto. Entre as muitas figuras ali, você verá um personagem de aparência augusta, com tábuas de pedra na mão direita. É Moisés, e as tábuas que ele segura são as do antigo código moral conhecido como os Dez Mandamentos.

As gerações passadas que projetaram esse grande edifício aparentemente não sofriam da mesma arrogância que parece afligir a nossa geração. Tinham a disposição de reconhecer o imenso significado dessa antiga lei e sua influência sobre a sociedade. Aparentemente, não se incomodavam com o fato de não a haverem inventado e de não ter sido um produto de sua época.

Talvez não haja uma evidência melhor do espírito de nosso tempo – pelo menos no mundo ocidental – do que o fato de que certos grupos ativistas hoje exijam que essas figuras sejam removidas de todos os prédios públicos.

Enquanto isso, aguardamos inutilmente que a ciência apareça com uma bala mágica para resolver o impasse e nos tirar de nosso dilema. É exatamente por causa dessa insensatez que as coisas chegaram ao atual estado de crise.

UM CONVITE E UMA PROMESSA

Antes de continuar, quero fazer-lhe um convite e também uma promessa. Convido-o a considerar comigo o significado da lei moral (isto é, os Dez Mandamentos) para o século 21. Para fazê-lo, precisaremos ir além da superfície e examinar as poderosas implicações desses antigos princípios, considerando sua sabedoria.

Minha promessa é que não será um monólogo. Não planejo falar sozinho. Este livro é uma discussão e um roteiro de estudo. Foi organizado de forma a incentivá-lo a envolver-se, a pensar por si, a interagir e chegar às suas próprias conclusões enquanto prosseguimos. Talvez você até queira registrar seus pensamentos e fazer um diário. Espero que o faça, porque no fim não serão as minhas idéias ou conclusões que produzirão uma diferença real na sua vida.

Eu disse que faria uma promessa. Na verdade, são duas, mas a segunda é parte da primeira. É a seguinte: nunca pedirei que você aceite cegamente qualquer coisa que eu disser sobre este assunto extremamente importante; ao contrário, você terá ampla oportunidade de verificar e provar por si mesmo a validade dos princípios que iremos estudar.

Isso é possível porque os Dez Mandamentos não são simplesmente artefatos a serem colocados em exposição na vitrine de um museu. Como uma fonte a jorrar com sabedoria prática, eles oferecem soluções em tempo real para problemas e situações reais com os quais todos nós lidamos a cada dia. São princípios que têm aplicação racional na vida diária de cada um. E a sua comprovação está na sua aplicação. Nos Estados Unidos, há um jeito antigo de dizer isso: "A prova do pudim é quando você o come."

Ao testar esses princípios na sua vida e torná-los parte do seu mundo, você saberá com certeza que eles continuam válidos, porque os resultados serão imediatos e profundamente satisfatórios.

Então não hesite. Vá em frente e aceite o convite para estudar os Dez Mandamentos e torná-los parte da sua vida. Você se alegrará por tê-lo feito.

Amor perigoso

O Primeiro Mandamento
Não terás outros deuses diante de Mim. **ÊXODO 20:3**

– PARECE QUE VOCÊ NÃO ENTENDE, Jaqueline. É o seu futuro, a sua vida, que está em jogo!
– Não, papai. É o senhor que não entende. Faz tanto tempo que o senhor foi jovem que se esqueceu de como é. Estou dizendo que *amo* o Daniel. É isso que o senhor parece não entender.
Harry Williams olhou incredulamente para sua filha. Então, com um suspiro, balançou a cabeça, como quem não compreende o que está ouvindo.
– Jaqueline, você precisa me ouvir.
– Não! Eu não vou ouvir ninguém. Só estou comunicando que, na próxima terça-feira, o juiz do primeiro cartório disponível no centro da cidade vai nos casar. Ou será que o senhor gostaria que a gente simplesmente saísse e juntasse os trapos?
Outro silêncio. Finalmente, Harry falou de novo, escolhendo as palavras com cuidado.
– Tudo bem. A decisão é sua. Percebo que ninguém vai fazer você mudar de idéia. Só tenho uma pergunta.
Dessa vez, Jaqueline não interrompeu, feliz porque o pai parecia estar respeitando seu direito de escolha.
– Na quinta-feira passada, você vestiu uma blusa branca, e o Daniel queria que você usasse uma diferente. Como ele reagiu?

– Bem, a blusa que ele queria que eu vestisse estava manchada. Respinguei alguma coisa nela.
– Mas a minha pergunta é: qual foi a reação do seu namorado? O que ele disse quando a viu com a blusa branca?
– Bem... ele não ficou exatamente feliz.
– Sim. Na verdade, ele cerrou os punhos e gritou com você. E naquela mesma noite, quando o convidamos para jantar aqui em casa, o que aconteceu?
– Ah, papai, não ligue para isso. Já passou. Por que está trazendo isso à tona?
– Porque o Daniel não hesitou em constrangê-la na frente de toda a família quando você disse algo de que ele não gostou. Jaqueline, se é assim que ele a trata agora, como você acha que será quando...
– Pare! Pare com isso! – gritou a filha, colocando as mãos sobre as orelhas. – O senhor não consegue entender? Eu amo o Daniel. Ele é a minha vida. Nada mais importa. O que o senhor pensa ou diz não me interessa. Eu amo o Daniel. Eu o adoro. Isso é tudo o que importa. Não dá para entender?
– Você o "adora"? Você o "adora", Jaqueline? Então, o que o Daniel é para você? Ele é o seu deus?
– Certo, é isso aí. Se é isso que o senhor quer dizer, tem razão. Daniel é o meu deus.

O pai de Jaqueline me contou mais tarde que aquelas palavras apunhalaram seu coração. Vamos pressionar o botão de pausa e fazer uma pergunta. Você acha que ele estava sendo muito dramático? Por que ele sentiu uma angústia tão terrível ao ouvi-las?

Harry Williams tremeu diante das palavras da filha porque sabia que o poder do amor usado para o mal pode nos ferir e causar um estrago terrível. Mais do que qualquer outra coisa, o amor rompe nossa proteção e nos deixa expostos e vulneráveis.

Observe pais desesperados que esperam do lado de fora da UTI de um grande hospital moderno. Por que sentem aquela intensa angústia? É por causa do amor. E esses mesmos pais podem sofrer com a mesma intensidade, anos mais tarde, quando o filho volta drogado para casa.

Como foi terrível para os pais de Jaqueline, meses depois, quando ela começou a colher as conseqüências de sua decisão insensata! Desfeita definitivamente a névoa de sua paixão, ela percebeu que seu esposo era um homem intensamente ciumento e que não se satisfazia nem com seus melhores esforços. Ele esmagava seu espírito com sarcasmo, ridículo e até com os punhos! Foi por isso que Harry Williams tremeu diante da atitude de sua filha. Ficou aterrorizado ao vê-la colocar-se nas mãos de alguém que podia magoá-la muito.

E foi por isso que Deus nos deu o primeiro mandamento. É uma advertência, motivada por uma preocupação profunda. Sua mensagem é: *Não entregue sua lealdade e devoção a "deuses" que na realidade não são deuses. Não conceda um lugar supremo na sua vida a algo ou alguém que, no fim, só irá desapontá-lo e machucá-lo.*

DEUSES FRACASSADOS

O antigo povo de Israel estava rodeado por nações que adoravam "outros deuses". Havia Dagom, a principal deidade dos filisteus, vizinhos de Israel do lado oeste. Os filisteus esperavam que seu deus lhes concedesse boas colheitas e grandes pescarias, o que significava abundância e prosperidade. Os fenícios, vizinhos de Israel ao norte, eram devotos da deusa-lua Astarote ou Ishtar, responsável pela fertilidade. Seu culto, celebrado com orgias e festas regadas a bebidas, era muito popular. A leste, os moabitas adoravam Quemós; e os amonitas, Moloque. Ambos, especialmente o último, exigiam sacrifícios de crianças. As pessoas chegavam a esses horríveis extremos para conquistar o poder dessas deidades em seu favor.

Hoje, naturalmente, a cultura popular mudou. A maioria das pessoas não mais se inclina diante de deuses de madeira, pedra e metal. Mas o dinheiro, o sexo e o poder ainda continuam ocupando o lugar central na vida de milhões. Quando você passar por uma banca de revistas, olhe as capas e examine os títulos. Observe os temas mais populares dos *talk-shows* e das novelas. O que isso lhe diz acerca dos "deuses" que as pessoas cultuam com mais fervor hoje?

Então, pergunte a si mesmo: qual tem sido o resultado, até o momento, de adorar esses "outros deuses"? Assim como aqueles de antigamente, são deuses que se voltam contra seus adoradores e os devoram.

Do culto frenético ao sexo se originou a pandemia da Aids. Por que ninguém fala a respeito da mais clara e óbvia solução? Não deveria ser tão difícil descobrir. Não é necessário que essa doença se espalhe ainda mais. A solução mais simples e óbvia é dar as costas a essa divindade traiçoeira e novamente respeitar os valores da família e o caráter sagrado do matrimônio.

Mas, em vez disso, os líderes políticos ao redor do mundo apelam ao seu deus "dinheiro" para que os salve. "No próximo ano", dizem, "gastaremos milhões a mais. Construiremos laboratórios maiores e melhores.

Então encontraremos uma vacina para que vocês continuem com seu estilo de vida, sem medo das conseqüências."

O terrorismo se tornou a espada dos fracos, o recurso desesperado dos desvalidos. Ele se alimenta de fanatismo e ignorância, e encontra seus recrutas nos miseráveis campos de refugiados, onde jovens infelizes são bombardeados diariamente com a retórica do ódio.

E qual é a solução proposta por aqueles que se encontram sob o ataque desses jovens fanáticos? Voltam-se ao deus do poder: "Vamos fabricar melhores foguetes e bombas mais potentes. Com isso, caçaremos os que nos oprimem, faremos com que saiam dos seus esconderijos e os esmagaremos. Isso resolverá nossos problemas."

E qual é o resultado de tal estratégia? Todo uso da força bruta fortalece os radicais em seu senso de injustiça e perseguição. Cria ainda mais raiva e confirma suas convicções de que são vítimas e de que seu ódio e violência são plenamente justificados.

Não entregue sua lealdade e devoção a "deuses" que na realidade não são deuses, diz o primeiro mandamento. Não conceda um lugar supremo na sua vida a algo ou alguém que, no fim, só irá desapontá-lo e machucá-lo.

O FRACASSO DAS FLORES

O Novo Testamento relata que um dia Satanás foi a Jesus com um ataque frontal e direto contra o primeiro mandamento. Primeiro, mostrou-Lhe "todos os reinos do mundo e a glória deles", e depois Lhe disse: "Tudo isso Te darei se, prostrado, me adorares" (Mateus 4:8 e 9). *Dinheiro, sexo e poder. Tudo pode ser Seu!*

Mas Jesus, em Sua resposta, recusou-Se a enfocar os deuses falsos. Em vez disso, inverteu o primeiro mandamento e citou Deuteronômio 10:20, que o apresenta na forma positiva. Ele afirmou: "Está escrito: Ao Senhor teu Deus, adorarás, e só a Ele darás culto" (Mateus 4:10). Rejeitar os falsos deuses e denunciar o seu culto não é suficiente. Precisamos substituir seu culto pela adoração ao Deus do Céu.

Uma geração atrás, os "filhos das flores", rapazes e moças com cabelos longos e roupa esfarrapada, enchiam as ruas e os parques do mundo ocidental. A maioria das pessoas os chamava de *hippies*. Hoje, quase ninguém os admira. Mas precisamos entender que tinham certa razão. Eles rejeitavam os falsos valores do materialismo. Então, por que seu movimento falhou? Entrou em colapso porque os *hippies* tentaram tirar sem substituir. E no fim se tornou claro que estavam simplesmente trocando uma forma de egoísmo por outra.

Naquela mesma época, milhões de pessoas procuraram implementar os ideais do comunismo, que, em sua pureza teórica, defende princípios de distribuição e altruísmo que lembram os ensinos de Jesus. Por que o comunismo fracassou em produzir a sociedade ideal com que sonhava? Pela mesma razão. Assim como qualquer outra visão utópica, naufragou nas rochas da realidade humana. Baseava-se na suposição de que, se você diz às pessoas que elas precisam mudar, e se você realmente as convence de que devem mudar, elas mudarão. Mas saber o que é certo ou apenas crer intelectualmente não é suficiente.

Na década de 1970, Lawrence Kohlberg, psicólogo de Harvard, anunciou que havia encontrado uma forma de tornar as pessoas mais morais. Seu método era perguntar-lhes o que seria correto fazer em determinadas situações hipotéticas. Ele dizia ter sido bem-sucedido em ensinar-lhes métodos de arrazoado moral, de modo que apresentassem a resposta certa todas as vezes. Mas a teoria de Kohlberg mostrou-se vulnerável quando alguém resolveu perguntar se o fato de saber a resposta certa levava a fazer a coisa certa. A melhor resposta que ele pôde apresentar a partir de sua pesquisa foi "às vezes".[1]

A verdadeira moralidade nasce de um coração renovado pela graça. Disse o apóstolo Paulo: "Transformai-vos pela renovação da vossa mente, para que experimenteis qual seja a boa, agradável e perfeita vontade de Deus" (Romanos 12:2). Experimentar a vontade de Deus significa mais do que conseguir dar a resposta certa para questões morais. Envolve mais do que simplesmente possuir informações. Não podemos alegar "experimentar" algo e permanecer indiferentes. Devemos, antes, torná-lo parte da nossa vida. E isso é possível somente com a renovação da nossa mente.

Essa mudança radical, que é a base do viver correto, não é um processo natural. Nem o condicionamento comportamental nem o raciocínio moral conseguem alcançá-la, embora ambos tenham o seu lugar. O salmista entendeu isso quando escreveu: "Cria em mim, ó Deus, um coração puro e renova dentro em mim um espírito inabalável" (Salmo 51:10). Uma renovação do coração que resulte em verdadeira moralidade é um ato de criação, um dom de Deus.[2]

Por isso, o primeiro mandamento, que ordena pôr de lado os deuses falsos, não pára aqui. O texto continua: "Não terás outros deuses *diante de Mim*." Os "outros deuses", que na realidade nem sequer são deuses, não devem ser substituídos por um vácuo. Depois de dizer o que não devemos fazer (isto é, não cultuar deuses falsos), o mandamento explica o que devemos fazer. A proibição se torna uma ordem para adorar o verdadeiro Deus.

AMOR E ADORAÇÃO

Certa vez, alguém perguntou a Jesus qual era o maior mandamento. Ele respondeu citando Deuteronômio 6:5: "Amarás o Senhor, teu Deus, de todo o teu coração, de toda a tua alma e de todo o teu entendimento." Depois acrescentou: "Este é o grande e primeiro mandamento" (Mateus 22:37 e 38).

Quando Satanás procurou tentá-Lo, Jesus disse que o primeiro mandamento nos ordena adorar a Deus. Aqui Ele diz que isso significa amá-Lo.

"Eu amo o Daniel. Simplesmente o adoro", foi o que declarou Jaqueline. Ela, naturalmente, não estava pensando em adoração ou culto no sentido religioso, mas estava mais perto da verdade do que você possa pensar, porque a adoração, na Bíblia, é uma expressão de amor.

A adoração, assim como o amor, é uma atitude do coração. É uma disposição e uma decisão de tornar Deus o primeiro, de colocá-Lo no trono da vida e de dar-Lhe o lugar como soberano, fazendo dEle o rei da nossa vida.

Dar a Deus o Seu lugar como soberano significa que não tentaremos sujeitá-Lo às nossas idéias preconcebidas de como Ele é ou de como deve fazer as coisas. E descartaremos a idéia de que podemos crer nEle só até onde pudermos compreendê-Lo. Se fôssemos fazer isso, então o ponto de partida da fé seria o ateísmo, e avançaríamos na direção da fé somente por esforços racionais. Além disso, Deus seria limitado pela nossa capacidade intelectual. Então, o que estaríamos adorando não mais seria Deus, mas algo finito, porque conheceríamos o Seu comprimento, largura e altura, Seu princípio e Seu fim.[3]

Isso não significa que a fé cristã não tenha lugar para a razão e não reconheça o valor da evidência que a apóia. Não há nada errado em examinar essas evidências, mas elas não são a sua base.

O conhecimento de Deus não começa com a razão humana, mas com a revelação. Isto é, Deus precisa primeiro revelar-Se. Não podemos descobri-Lo por meio de nossos próprios esforços. E essa revelação de Deus teve sua expressão máxima em Jesus Cristo. "Ninguém jamais viu a Deus", declarou o evangelista. "O Deus unigênito, que está no seio do Pai, é quem O revelou" (João 1:18).

Desde Seus primeiros anos, Jesus Se empenhou em ensinar como é Deus. Quando acolheu crianças em Seus braços e as abençoou; quando ensinou Seus discípulos às margens do lago; quando acalmou a tempestade e purificou o Templo – em todas essas coisas Ele estava dizendo: *Deus é assim. O que Eu sou e faço revela a Deus.*

Pouco antes de Jesus ser crucificado, Filipe disse: "Senhor, mostra-nos o Pai" (João 14:8). A resposta de Jesus mostra que a pergunta causou dor: "Filipe, há tanto tempo estou convosco, e não Me tens conhecido? Quem Me vê a Mim, vê o Pai; como dizes tu: Mostra-nos o Pai?" (verso 9).

Os evangelhos mostram que Filipe era um discípulo lento para ouvir e rápido para duvidar. Infelizmente, eu me identifico com isso. Mas, por ter essa atitude, Filipe correu o sério risco de errar o caminho, porque a revelação de Deus nunca é enfiada em nossa cabeça por uma força esmagadora. A revelação é concedida silenciosamente àqueles que abrem os olhos, os ouvidos e, acima de tudo, o coração. Em vez de uma convicção monumental, o que precisamos é afastar os bloqueios à fé e deixar de fechar os olhos às evidências.

Ao aceitarmos o primeiro mandamento e concedermos a Deus o Seu lugar como verdadeira divindade, essa revelação nos será concedida de forma pessoal. E essa é a única maneira de recebê-la.

Fazer de Deus o primeiro significa deixar de lado idéias, interesses e pensamentos que entrem em competição com Ele ou diminuam Sua soberania sobre nossa vida. Esse conceito é a base, o princípio fundamental da verdadeira moralidade e do viver espiritual. É um princípio abrangente que nos permitirá avaliar as infindáveis decisões e alternativas que enfrentamos no dia-a-dia.

Em cada caso, perguntaremos: Como este vídeo, este jogo, esta amizade, este emprego ou esta propriedade vai afetar meu relacionamento com Deus? Quando realmente começarmos a viver dessa maneira, a ordem e a moralidade tomarão conta da nossa vida, a paz substituirá a angústia, e a esperança afastará a depressão e o desespero. Somente então começaremos a compreender a obediência profundamente espiritual que Jesus descreveu no Sermão do Monte.

POR QUE ESSE É O PRIMEIRO MANDAMENTO?

Muitas pessoas que instintivamente crêem na existência de Deus não chegam ao ponto de torná-Lo o primeiro em sua vida. Mas esse é o único lugar que Ele pode ocupar se de fato for Deus. Por isso, esse mandamento vem em primeiro lugar. Se não dermos a Deus o Seu lugar, se não tivermos feito dEle o Senhor de nossa vida, todos os outros mandamentos serão apenas regras morais que não têm poder maior do que milhares de outras boas idéias.

A pergunta não é: "Já tenho uma compreensão plena e completa acerca de Deus e de Sua vontade para a minha vida?" Nem ainda: "Sou bom o suficiente para que Ele me aceite?" Tampouco é: "Já estou obedecendo aos outros mandamentos?" Você não pode chegar ao primeiro mandamento por obedecer aos outros nove. Em vez disso, você precisa chegar aos outros nove por meio deste.

A pergunta que preciso fazer a mim mesmo é extremamente simples, mas muito importante: "Estou disposto a conceder a Deus o Seu verdadeiro e legítimo lugar? Estou disposto a torná-Lo o primeiro?" É disso que trata o primeiro mandamento.

Aqui está um antigo convite que ainda nos fala através dos séculos: "Que é o que o Senhor requer de ti? Não é que temas o Senhor, teu Deus, e andes em todos os Seus caminhos, e O ames, e sirvas ao Senhor, teu Deus, de todo o teu coração e de toda a tua alma"? (Deuteronômio 10:12).

---

[1] W. C. Crain, *Theories of Development* (Nova York: Prentice-Hall, 1985), págs. 118-136: "A escala de Kohlberg tem a ver com o pensamento moral, não com ação moral. Como todos sabem, as pessoas que conseguem conversar em um elevado nível moral podem não se comportar coerentemente. Em conseqüência, não esperaríamos uma correlação perfeita entre juízo moral e ação moral. Ainda assim, Kohlberg pensa que deve haver alguma relação." Ver também Lawrence Kohlberg e Elliott Turiel, *Psychology and Educational Practice*, ed. C. S. Lesser (Glenview: Scott, Foresman, 1971), pág. 458.

[2] "Quem está unido com Cristo é uma nova pessoa" (II Coríntios 5:17, NTLH).

[3] Ver Robert Wilkens, em *First Things* 37 (1993):13-18.

Pequenos deuses

O Segundo Mandamento
Não farás para ti imagem de escultura, nem semelhança alguma do que há em cima nos céus, nem embaixo na Terra, nem nas águas debaixo da terra. Não as adorarás, nem lhes darás culto; porque Eu sou o Senhor, teu Deus, Deus zeloso, que visito a iniqüidade dos pais nos filhos até à terceira e quarta geração daqueles que Me aborrecem e faço misericórdia até mil gerações daqueles que Me amam e guardam os Meus mandamentos. **ÊXODO 20:4-6**

AINDA ESTAVA ESCURO quando saímos de casa e começamos a percorrer as ruas desertas. Em pouco tempo, o brilho da cidade havia sumido atrás de nós, e continuamos a viagem seguindo o túnel de luz criado pelos faróis. Durante um bom tempo, o único som era o zumbido do motor e dos pneus sobre o pavimento.

Por fim, um toque de vermelho no horizonte começou a anunciar a aproximação do dia. Não demorou muito para que víssemos uma borda estreita marcada por intensa luminosidade. Era o Sol espiando por trás da colina próxima. De alguma forma, sem parecer que estivesse em movimento, ele se mostrou cada vez mais visível até que, minutos mais tarde, era dia.

Foi nosso filho mais velho quem quebrou o silêncio. Com apenas quatro anos de idade, David nos surpreendia constantemente com suas curiosas observações.

– Papai – disse ele – se viermos aqui amanhã cedinho e subirmos aquela montanha, você acha que poderemos estender a mão e pegar o Sol quando ele passar?

Pensei: *Que visão de como trabalha a mente infantil!* Não é que as crianças se considerem grandes; o que ocorre é que elas tornam o mundo pequeno. A vasta imensidão do Universo não cabe na sua pequena mente e, por isso, elas reduzem o tamanho de tudo.

Lá na floresta um homem está trabalhando. "Primeiro vou pegar um pouco de argila", diz ele. "Depois, vou modelar assim. Veja, aqui estão os olhos e o nariz. Agora coloco isto ao sol por um pouco e, quando a argila estiver seca, vou pintá-la com minhas cores preferidas. Quer saber o que estou fazendo? É Deus, claro. Não adivinhou? Não, não é o próprio Deus. É a Sua representação. É assim que Ele Se parece."

Meu pequeno de quatro anos achou que podia estender a mãozinha e tocar o Sol. E o homem na floresta acredita que pode fazer uma imagem de Deus. Ambos estão cometendo o mesmo erro.

O rei Salomão tinha um conceito melhor. Construiu um belo templo em Jerusalém. Quando estava pronto, ele organizou uma comemoração que durou vários dias. Em meio a toda aquela euforia, contudo, ele não perdeu de vista o verdadeiro significado do evento. Falou com Deus em oração e disse: "Eis que os céus e até o céu dos céus não Te podem conter, quanto menos esta casa que eu edifiquei" (II Crônicas 6:18).

Por que o segundo mandamento proíbe fazer ídolos ou imagens para representar a Deus? Porque, não importa quão grande os façamos ou quanto de ouro, diamantes ou outras coisas usemos para cobri-los, a única coisa que conseguimos é tornar Deus menor. Inevitavelmente, nós O reduziremos à dimensão de um conceito meramente humano. E esse é realmente o âmago do problema. Uma imagem mental pobre acerca de Deus é o pecado fundamental que o segundo mandamento procura ajudar-nos a evitar.

Os racionalistas modernos cometem o mesmo erro. Lançam a pequena rede de sua habilidade intelectual no vasto oceano do Universo. O que conseguem captar é limitado pelo curto alcance dos seus sentidos e de sua capacidade de processar as informações obtidas. Tornam-se os donos daquela parcela de informação e negam a existência de tudo o mais. Como eu disse, é o mesmo erro, e isso prova que esse problema não se limita a pessoas ignorantes.

O PRÓPRIO PAI AMA VOCÊ

Nos tempos antigos, o resultado lógico da idolatria foi o politeísmo, a crença de que existem muitos deuses. As pessoas inventavam mais deuses porque não podiam imaginar que um só seria suficiente, que uma deidade conseguiria tomar conta de tudo.

Os cristãos primitivos se apegaram à idéia de que havia um só Deus. Porém, infelizmente, muitos dos novos conversos do paganismo entravam para a igreja com o mesmo conceito pobre a respeito de Deus que tinham antes. Inclinavam-se a ver Deus como um ser semelhante às divindades que costumavam adorar – seres esquecidos e indiferentes, não dispostos a ajudá-los. Eles sentiam que precisavam suplicar e implorar constantemente para vencer a apatia de Deus e convencê-Lo a interessar-Se por suas necessidades.

É difícil imaginar um erro maior. A Bíblia compara Deus com a mais poderosa expressão do amor humano, dizendo: "Acaso, pode uma mulher esquecer-se do filho que ainda mama, de sorte que não se compadeça do filho do seu ventre? Mas ainda que esta viesse a se esquecer dele, Eu, todavia, não Me esquecerei de ti. Eis que nas palmas das Minhas mãos te gravei" (Isaías 49:15 e 16).

Apesar dessa garantia, muitas pessoas chegaram a imaginar Deus como esquecido e relutante, com um exército de intercessores ao redor do Seu trono, clamando dia e noite para conseguir que nos ajude. Mas Jesus disse aos Seus seguidores: "Não vos digo que rogarei ao Pai por vós. Porque o próprio Pai vos ama" (João 16:26 e 27). E o apóstolo insistiu: "Acheguemo-nos, portanto, confiadamente, junto ao trono da graça, a fim de recebermos misericórdia e acharmos graça para socorro em ocasião oportuna" (Hebreus 4:16).

A idéia da intercessão por parte dos santos mortos viola claramente o segundo mandamento, porque se baseia no conceito pagão de um Deus limitado que dificilmente possa ser convencido a nos auxiliar.

POR QUE VOCÊ DUVIDA?

Certo dia, eu estava parado nas docas de Guanaja, Honduras, enquanto um amigo me mostrava os barcos de pesca de camarão atracados nas docas. Seus guindastes estavam erguidos e as gigantescas redes secavam ao sol. Naquele entardecer, sairiam de novo. O amigo me contou acerca das toneladas de camarões que os barcos traziam cada dia.

Alarmado, pensei comigo mesmo: *Nesse ritmo, não vai demorar para que os oceanos se esvaziem!*

Na manhã seguinte, ao partir, voei ao longo da costa entre Guanaja e Puerto Cabezas. Sob a asa esquerda do avião, pude ver a silhueta azul das montanhas costeiras e, à direita, a imensidão do mar. Tentei adivinhar a quantos quilômetros de distância ficaria o ponto onde o horizonte se confunde com o céu.

Alguns minutos depois, vi três barcos de pesca de camarão lá embaixo, balançando-se sobre as ondas enquanto arrastavam as redes. Eram dos mesmos que eu tinha visto no dia anterior, mas agora pareciam minúsculos! E que contraste entre o seu tamanho e a vastidão do oceano! Então pensei: *Que podem fazer esses pequeninos barcos para esgotar todo o tesouro que Deus tem estocado na Sua despensa?* Como as coisas mudam quando as vemos de uma perspectiva diferente!

Refleti: *E o que dizer da perspectiva de Deus?* Por vezes, nossos problemas parecem encher a Terra e o céu. Como acha você que Deus os vê?

Essa foi a lição que Pedro aprendeu numa noite tempestuosa, no Mar da Galiléia. As gigantescas ondas e os ventos o encheram de pânico, e ele gritou: "Salva-me, Senhor!" (Mateus 14:30).

"E, prontamente, Jesus, estendendo a mão, tomou-o e lhe disse: Homem de pequena fé, por que duvidaste?" (verso 31).

Medo e ansiedade vêm da falta de fé, e violam o segundo mandamento, porque mostram que na nossa mente Deus é muito pequeno.

NUNCA SUBESTIME O PODER DE UM ÍDOLO

O salmista escreveu acerca dos ídolos: "Tornem-se semelhantes a eles os que os fazem" (Salmo 115:8). O apóstolo Paulo observou o mesmo fenômeno em seus dias. Disse que os idólatras haviam mudado "a glória do Deus incorruptível em semelhança da imagem de homem corruptível, bem como de aves, quadrúpedes e répteis".

Por isso, disse Paulo, "Deus os entregou a uma disposição mental reprovável, para praticarem coisas inconvenientes". Ele esclarece o que quer dizer com "coisas inconvenientes" ao citar uma lista de pecados que incluem avareza, maldade, inveja, homicídio, contenda, dolo, malignidade, difamação, calúnia, insolência, arrogância, presunção, desobediência aos pais, perfídia, ausência de afeição natural e de misericórdia (Romanos 1:23, 28-31).

Não é um quadro bonito, concorda? Mas você acha que é um exagero? Há pouco tempo, fui ver as impressionantes ruínas do Monte Albán, em Oaxaca, México. Elas contêm imagens dos antigos deuses zapotecas, na forma de serpentes emplumadas, animais selvagens à espreita de suas vítimas e dezenas de figuras humanas com expressões grotescas de raiva e ódio. O guia nos mostrou um altar onde os sacerdotes arrancavam corações de vítimas vivas por ocasião das cerimônias. Depois nos levou a um campo de jogo, explicando que o time vencedor ou o perdedor era sempre sacrificado aos deuses.

Referindo-se aos ídolos e seus adoradores, o salmista disse: "Tornem-se semelhantes a eles os que os fazem."

Ao meio-dia, retornei à cidade e fui a um restaurante. O lugar vibrava com o ritmo de uma canção popular, enquanto um "ídolo" moderno berrava:

"O dia todo penso em sexo.
A noite toda penso em sexo.
E o tempo todo penso em sexo
Com você, com você."

As canções seguintes só eram diferentes no sentido de usar termos ainda mais vulgares para repetir a mesma mensagem.

Quem duvida de que os ídolos modernos tenham pelo menos tanto poder sobre as pessoas quanto os antigos? E ainda é verdade que aqueles que os fazem se tornam como eles. Em muitos sentidos, os resultados da idolatria moderna ultrapassam o que o apóstolo Paulo descreveu na sua época.

MILHARES DE GERAÇÕES

Algumas pessoas se surpreendem porque o segundo mandamento contém uma séria advertência acerca de imagens: "Não as adorarás, nem lhes darás culto; porque Eu sou o Senhor, teu Deus, Deus zeloso, que visito a iniqüidade dos pais nos filhos até à terceira e quarta geração daqueles que Me aborrecem" (Êxodo 20:5). O que as assusta é o fato de Deus ter dito que é "zeloso". Além disso, Ele declara que até três ou quatro gerações vão sofrer por causa dos pecados dos seus antepassados.

O problema vem de uma leitura superficial do texto. Note que aquilo que acontece com essas gerações não é uma vingança por parte de um Deus irado. O mandamento simplesmente diz que o "castigo" que essas pessoas sofrem é a "iniqüidade dos pais". Isso é exatamente o que o apóstolo Paulo tinha em mente na passagem mencionada antes. Ele diz que a adoração a ídolos, a exaltação da criatura acima do Criador, remove as barreiras e abre as comportas da depravação humana.

Quando as pessoas se tornam como seus ídolos, a terra se enche com violência, e o coração do povo se volta para a "malícia, avareza... inveja, homicídio, contenda, dolo e malignidade" (Romanos 1:29). Os indivíduos se tornam "caluniadores, aborrecidos de Deus, insolentes, soberbos, presunçosos, inventores de males, desobedientes aos pais, insensatos, pérfidos, sem afeição natural e sem misericórdia" (versos 30 e 31).

Você acha que seria um castigo viver numa sociedade como a que Paulo retrata? Essa é a conseqüência que alcança a "terceira e quarta geração", o fatídico resultado que Deus deseja que evitemos, ao dar-nos essa advertência no segundo mandamento. Por isso, Ele é "zeloso". O ciúme humano é uma exibição de interesse próprio, mas o mandamento deixa claro que Deus é ciumento em favor do Seu povo.

Em contraste, a misericórdia e a bondade de Deus se estenderão até "mil gerações" dos que O amam e guardam os Seus mandamentos (Êxodo 20:6). Isso, naturalmente, se refere à promessa da vida eterna. Jesus disse: "Pai, a Minha vontade é que onde Eu estou, estejam também comigo os que Me deste, para que vejam a Minha glória que Me conferiste, porque Me amaste antes da fundação do mundo" (João 17:24).

MENSAGEM DE LIBERDADE

O segundo mandamento é o complemento perfeito do primeiro. As pessoas que tomaram a decisão de colocar a Deus no centro de sua existência não permitirão que qualquer coisa criada ocupe o lugar que pertence somente ao Criador. E não haverá confusão com respeito à verdadeira adoração, porque elas se afastarão de tudo que diminua a importância de Deus em sua vida.

Para aqueles que guardam o primeiro e o segundo mandamentos, a obediência aos demais será completamente natural. Se amamos a Deus – se Ele está no trono da nossa vida – nosso coração transbordará de amor pelas outras pessoas também.

O apóstolo Tiago chamou os Dez Mandamentos de "lei perfeita, lei da liberdade" (Tiago 1:25). A esta altura, consideramos apenas dois preceitos da lei, mas o significado dessa perfeição e liberdade já está claro. Como diz o salmista, "grande paz têm os que amam a Tua lei; para eles não há tropeço" (Salmo 119:165).

Um nome sem igual

O Terceiro Mandamento
Não tomarás o nome do Senhor, teu Deus, em vão, porque o Senhor não terá por inocente o que tomar o Seu nome em vão. ÊXODO 20:7

SERIA IMPOSSÍVEL ESQUECER aquela família unida e entusiasta que minha esposa e eu conhecemos quando morávamos em Puerto Barrios, Guatemala. Quando os visitamos na sua casa, eles – com a cortesia tão característica dos guatemaltecos – colocaram-se em pé um por um e se apresentaram. A primeira pessoa a fazê-lo foi a mãe, Carmen Reyes. Ela explicou que seu esposo não estava presente, porque não morava mais com a família.

– Quando começamos a estudar a Palavra de Deus, ele ficou muito bravo e foi embora – disse ela, com tristeza.

Depois chegou a vez dos outros.

– Isabel Reyes, sua humilde serva – falou a filha mais velha.

– Ramón Díaz – apresentou-se o seu irmão, um simpático rapaz de 17 anos.

– María Reyes – disse a seguinte, de modo tímido.

E assim, com largos sorrisos e piadinhas entre eles, prosseguiram até que todos se houvessem identificado.

Ficamos curiosos para saber por que alguns tinham o sobrenome Reyes e outros, Díaz. Mas, embora hesitássemos em perguntar, eles logo deixaram clara a razão.

– Nosso pai gosta de beber – começaram a contar. – Assim, toda vez que um de nós nascia, ele considerava o fato um pretexto para comemorar. Nessa condição, ele ia ao cartório civil para registrar nosso nascimento. Quando o funcionário perguntava "Quem é o pai da criança?", ele às vezes dava seu nome, e outras vezes dizia: "Quem é que sabe? Não tenho idéia de quem seja o pai." Ele achava isso engraçado, mas o resultado é que alguns de nós somos oficialmente reconhecidos como seus filhos e temos o seu sobrenome, enquanto outros não o são, e por isso têm o sobrenome de mamãe quando solteira.

Aquela família havia aceitado a situação e nós, naturalmente, não fizemos comentários adicionais. Mas saímos dali pensando: *Que tristeza! Qual será a sensação de saber que seu próprio pai não o reconhece e não está disposto a lhe dar seu sobrenome?*

Jesus contou a história de um rapaz que se rebelou contra seu pai e saiu de casa. Por fim, após tremendo sofrimento, recuperou o bom senso e buscou o caminho de casa. É aqui que encontramos um dos mais lindos versos de toda a Bíblia: "Vinha ele ainda longe, quando seu pai o avistou, e, compadecido dele, correndo, o abraçou, e beijou" (Lucas 15:20). Cristo procurava mostrar-nos a atitude de Deus para com todos os que vão a Ele.

O próprio Jesus disse: "O que vem a Mim, de modo nenhum o lançarei fora" (João 6:37). Isso inclui todos. Talvez nos aproximemos com hesitação, duvidando um pouco, acreditando um pouco, mal entendendo e ainda nos perguntando se é possível ter esperança. Nada disso importa. A palavra-chave é: "Venha!" Qualquer um que for será aceito "no Amado" (Efésios 1:6). Ninguém jamais ouvirá as palavras: "Não sei de quem ele é filho". Em Cristo, todos somos reconhecidos; somos todos filhas e filhos legítimos.

"Não temas", diz Ele, "porque Eu te remi; chamei-te pelo teu nome, tu és Meu" (Isaías 43:1). Que linda certeza! Porém, há mais. "Quando passares pelas águas, Eu serei contigo; quando, pelos rios, eles não te submergirão; quando passares pelo fogo, não te queimarás, nem a chama arderá em ti" (verso 2). E essas bênçãos são para "todos os que são chamados pelo Meu nome" (verso 7).

Note que não é dito que os filhos de Deus não passarão por tempos difíceis. Eles podem passar pelas águas e quem sabe até pelo fogo. Mas a promessa é segura: os rios não te submergirão e o fogo não te queimará. Na hora amarga, "Eu serei contigo". Por quê? Porque és chamado "pelo Meu nome". "Tu és Meu."

Que privilégio glorioso usar o nome do Pai! Em face desse pensamento, o apóstolo Paulo caiu de joelhos, exclamando: "Por esta causa, me ponho de joelhos diante do Pai, de quem toma o nome toda família, tanto no Céu como sobre a Terra" (Efésios 3:14 e 15). E o apóstolo João exclama: "Vede que grande amor nos tem concedido o Pai, a ponto de sermos chamados filhos de Deus" (I João 3:1).

COMO TER A CERTEZA DE PODERMOS USAR O SEU NOME?

Talvez você se pergunte: *Como posso usar esse nome? Como posso ter a certeza de ser membro da família de Deus tanto na Terra como no Céu?* Nesse caso, congratulações! De todas as perguntas que alguém possa fazer na vida, essa é a mais importante.

O Senhor Jesus Cristo nos apresentou a resposta na instrução que deu aos discípulos. Disse-lhes: "Ide, portanto, fazei discípulos de todas as nações, batizando-os em nome do Pai, e do Filho, e do Espírito Santo" (Mateus 28:19). É através do batismo que adotamos esse santo nome.

Que pensamentos lhe vêm à mente quando ouve a palavra "batismo"?

– Bem – disse-me um jovem certa vez – quando ouço essa palavra, lembro-me do batismo da minha sobrinha, quando bebê. Os pais dela a seguraram nos braços. Todos nós, parentes e amigos, formamos com eles e os padrinhos um círculo ao redor da pia batismal. Ouvimos enquanto o sacerdote tocava a testa dela com água e pronunciava as solenes palavras: *"Ego baptizo te in nomine Patris, et Filii, et Spiritus Sancti. Amén."* Então todos nós dissemos reverentemente: *"Aaaaaaa-men!"*

A palavra latina *baptizo* pronunciada pelo padre naquela ocasião vem de um termo grego idêntico. No primeiro século, as pessoas comuns a usavam para referir-se ao ato de colocar algo na água. Quando João Batista (literalmente, "o batizador") começou a batizar as pessoas no Jordão (João 3:23), o rito não era novo, porque os judeus tinham ritos de purificação nos quais mergulhavam em tanques de água para lavar suas impurezas.

O apóstolo Paulo também relacionava o batismo cristão a esses ritos judaicos, chamando-o de "lavar regenerador" (Tito 3:5). Mas, em sua carta aos romanos, ele acrescentou ao simbolismo uma nova dimensão que o enriquece grandemente: "Fomos, pois, sepultados com Ele na morte pelo batismo" (Romanos 6:4). Em outro lugar, Paulo esclarece o que queria dizer, afirmando: "Estou crucificado com Cristo" (Gálatas 2:19).

A mudança que ocorre quando entregamos a vida a Cristo é tão grande que não é exagero falar dela como uma "morte" ou mesmo uma "crucifixão". É a execução da pessoa pecadora que costumávamos ser. Quando somos transformados pela renovação do nosso entendimento (Romanos 12:2), desaparecem os velhos padrões de pensamento desordenados e destrutivos. Novos gostos e novos valores assumem o comando. Nossos motivos e alvos são tão diferentes que se pode realmente afirmar que a pessoa que éramos morreu e uma nova nasceu.

O batismo na água é o sepultamento dessa pessoa morta. Ao mesmo tempo, é uma celebração do novo nascimento. É o anúncio de um nascimento, um testemunho visível de algo que é invisível, embora seja muito real. E é uma forma de anunciar publicamente a nova pessoa, muito diferente, que agora vive na velha casa.

AS CRIANÇAS SE PARECEM COM SEUS PAIS

Quando nasce um bebê, as pessoas gostam de identificar semelhanças:
– Ele tem o nariz da mamãe – diz um.
– Ele é parecido com minha tia Jane – declara a mãe.
– Não – diz o pai, orgulhoso. – Acho que ele se parece comigo.

Se realmente somos filhos de Deus mediante o novo nascimento, seremos como o nosso Pai celestial. Quando as pessoas puderem dizer a nosso respeito: "Ele é bondoso e paciente" ou "Ela é humilde e prestativa", então poderão acrescentar também: "É realmente um filho ou uma filha de Deus."

Jesus disse: "Amai os vossos inimigos... para que vos torneis filhos do vosso Pai celeste" (Mateus 5:44 e 45). Por que o ato de tratar bem a quem não merece mostra que somos filhos de Deus? Porque Deus é assim. "Ele faz nascer o Seu sol sobre maus e bons e vir chuvas sobre justos e injustos" (verso 45).

Isso nos ajuda a entender o significado do terceiro mandamento, quando diz que não devemos tomar o nome de Deus em vão.

Tomar o nome de Deus em vão é dizer que somos filho ou filha de Deus e continuar com a mesma vida de antes. Significa adotar esse santo nome sem experimentar uma genuína mudança em quem somos. Como resultado, equivale a adotar o nome de uma família sem realmente pertencer a ela.

QUANTO VALE UM NOME?

Teri Hatcher atribuiu um alto preço ao seu nome quando processou o jornal londrino *Daily Sport*. O jornal havia publicado um artigo declarando que a atriz deixava sua filha de sete anos de idade trancada em casa enquanto saía com vários amantes. O tribunal concluiu que o periódico havia difamado o nome dela, e o editor teve de pagar um elevado preço pelo dano que o artigo causara.

Quanto você acha que vale o nome de Deus? Quando não vivemos à altura do nosso compromisso cristão, nós representamos mal a Deus. Arrastamos na lama o nome da família. O apóstolo Paulo falou de algumas pessoas que faziam isso nos seus dias, declarando que "o nome de Deus é blasfemado entre os gentios por vossa causa" (Romanos 2:24).

Também representamos mal a Deus quando usamos o sagrado nome de maneira leviana e frívola ou o empregamos em expressões vulgares e obscenas. Quando fazemos isso, dizemos a todos que o nome de Deus não é santo, que não tem valor ou importância para nós. Seria ainda mais grave usar o nome de Deus para afirmar algo que é falso, ou deixar de cumprir uma promessa que fizemos em Seu nome.

PROMESSA MANTIDA

No primeiro capítulo, fiz uma promessa. Eu disse que nunca pediria que você aceitasse as idéias deste livro cegamente, mas que teria ampla oportunidade de testar se elas são válidas. Como fazer a prova neste caso?

Se fosse uma questão de filosofia subjetiva, seria o caso de expressar várias opiniões e discuti-las. No caso de simples reflexões subjetivas e propostas curiosas, poderíamos revirá-las na nossa mente, examinando-as de todos os lados enquanto meditamos ou especulamos a seu respeito. Mas este não é o caso.

Aqui estamos falando de "mandamentos" expressos em termos imperativos. Não se diz: "Tenho a impressão de que seria preferível se vocês não tivessem outros deuses". Ou: "Vocês deveriam realmente considerar a possibilidade de suprimir a adoração de imagens." O que os mandamentos exigem de nós é obediência.

Isso significa que o teste das declarações deve ser feito mediante a aplicação, e não a análise. Por essa razão, a prova de sua validade virá na forma dos resultados maravilhosos, dos frutos que aparecerão na vida dos que os colocam em prática.

O primeiro mandamento nos encoraja a amar a Deus e a colocá-Lo no centro da nossa vida, e o segundo esclarece o que isso significa. Agora o terceiro mandamento leva em consideração os dois primeiros e nos diz: "Que decisão você vai tomar? Aceitará o convite que seu Pai celeste lhe faz? Vai colocá-Lo no centro da sua existência, adotando-Lhe o nome e o caráter?"

Nossa resposta determinará se Deus pode derramar sobre nossa vida as bênçãos abundantes que prometeu em Sua Palavra.

Encontrando paz

O Quarto Mandamento
Lembra-te do dia de sábado, para o santificar. Seis dias trabalharás e farás toda a tua obra. Mas o sétimo dia é o sábado do Senhor, teu Deus; não farás nenhum trabalho, nem tu, nem o teu filho, nem a tua filha, nem o teu servo, nem a tua serva, nem o teu animal, nem o forasteiro das tuas portas para dentro; porque, em seis dias, fez o Senhor os céus e a terra, o mar e tudo o que neles há e, ao sétimo dia, descansou; por isso, o Senhor abençoou o dia de sábado e o santificou. **ÊXODO 20:8-11**

NÃO SEI QUANTAS VEZES viajei numa lancha para o porto de Livingston, na costa nordeste da Guatemala, mas foram muitas. Mesmo assim, nenhuma viagem era igual à outra.

Eram apenas cinco horas da tarde quando saímos do cais em Puerto Barrios, mas já começava a escurecer. Caía uma chuva insistente e, por isso, em vez de desfrutar a brisa no convés, todos se apertaram na pequena cabine. Tão logo nos afastamos do quebra-mar, a tormenta nos atingiu com fúria total.

Violentas rajadas de vento faziam a chuva bater contra as janelas com uma intensidade que ameaçava quebrá-las. Com uma das mãos me agarrei ao anteparo dianteiro para não cair e com a outra segurava a cabeça, tentando acalmar as fortes náuseas, que só pioravam a cada ondulação. Era impossível conversar, mas eu ouvia gemidos e, às vezes, orações ou palavrões de outros passageiros. Em viagens anteriores, pontos distantes de luz que piscavam para nós das casas ao longo da praia haviam marcado nosso progresso. Agora, mal podíamos divisar a proa da embarcação.

A viagem normalmente levava uns noventa minutos, mas dessa vez parecia uma eternidade. Comecei a pensar que o capitão podia ter perdido o rumo e que estávamos indo para o mar aberto, quando de repente a mais incrível calmaria nos surpreendeu. Em vez de ser jogado e sacudido de um lado para o outro, o pequeno barco passou a deslizar tranqüilamente sobre a água, e lá adiante já víamos, através da chuva, as luzes do nosso destino.

O que havia feito a diferença? A tormenta não tinha acabado, mas nós havíamos entrado no abrigo do porto. No oceano aberto, as ondas continuavam revoltas, mas não podiam mais aterrorizar-nos porque havíamos entrado no refúgio, e estávamos seguros.

A Bíblia diz que no princípio a Terra toda estava envolta numa tempestade incomparavelmente pior do que a que experimentamos naquela noite. Em meio a uma escuridão impenetrável, água, ar, rochas e terra se agitavam num turbilhão caótico (Gênesis 1:1 e 2).[1]

Então Deus falou, e a escuridão deu lugar à luz. Ele falou novamente, e a atmosfera veio à existência, os continentes apareceram, montanhas se ergueram e o mar foi contido no seu leito. O que esses pormenores nos contam é que o processo da Criação foi um movimento da desordem para a ordem, da turbulência para a calma.

É interessante notar que Deus registrou Sua satisfação com o que estava ocorrendo. O verso 10 diz: "E viu Deus que isso era bom". Por que teria Ele dito isso pela primeira vez, precisamente neste ponto, no terceiro dia? Talvez porque a luz, o ar, a água e a terra agora existiam. Eram os quatro elementos necessários para sustentar a vida vegetal. Em outras palavras, eles deixavam tudo pronto para o passo seguinte.

Mais tarde, no mesmo dia, a terra se vestiu de verde. Gramas, folhagens, musgos e samambaias apareceram. Árvores majestosas erguiam os braços para o céu. Pinheiros e flores acrescentavam cor à paisagem e perfumavam o ar.

A vegetação, com seu maravilhoso processo da fotossíntese, fora designada para servir à vida animal, produzindo alimento e oxigênio. E, pela segunda vez no mesmo dia, Deus falou e disse que "isso era bom" (verso 12).

No quinto dia e no início do sexto, Deus falou novamente, e o mar, a terra e os céus fervilharam de criaturas que nadavam, voavam, andavam ou rastejavam. Novamente, o Criador expressou a Sua satisfação com os resultados (verso 25).

"Também disse Deus: Façamos o homem à nossa imagem, conforme a nossa semelhança; tenha ele domínio sobre os peixes do mar, sobre as aves dos céus, sobre os animais domésticos, sobre toda a terra e sobre todos os répteis que rastejam pela terra" (verso 26).

A criação de seres inteligentes para governar a Terra foi o último passo na vitória divina da ordem sobre o caos. Então, com infinita alegria,

O Criador contemplou Sua obra concluída e dessa vez não disse apenas que aquilo era bom. Ele anunciou que era "*muito* bom" (verso 31).

A ciência nos assegura que a matéria consiste de elétrons e prótons, que na realidade são uma forma de energia, mas uma energia organizada de maneira altamente sofisticada e complexa. A matéria é classificada na forma de elementos, indo desde o hidrogênio, o mais leve e simples, até os mais pesados e radioativos, como o urânio. Alguns são tão instáveis que só existem por uma fração de segundo.

Os elementos se unem, formando moléculas, que também vão desde as simples, como o sal de mesa, até as extremamente complexas, que ocorrem apenas em organismos vivos e, portanto, são chamadas de moléculas orgânicas. Uma única molécula de proteína pode ter dezenas de milhões de átomos. E todo organismo vivo, desde o diminuto micróbio até a maior baleia, é constituído deles.

Assim, mesmo no nível de elementos e moléculas, a Criação foi uma marcha rumo à ordem e organização. Cada passo em frente nesse processo implicou milhares e, em alguns casos, bilhões de mudanças.

CONTRÁRIO À NATUREZA

Os físicos sintetizaram três leis da termodinâmica. A segunda lei afirma que todos os sistemas da natureza mostram um movimento invariável rumo à desintegração, à desordem e à perda de energia. Os cientistas o chamam de princípio da entropia.

A Criação envolveu precisamente o oposto. Através de processos bioquímicos e físicos de imensa complexidade, Deus transformou um planeta caótico num mundo de ordem. Quando Ele disse que tudo era "muito bom", foi porque a turbulência havia acabado, a desordem fora vencida, o caos se fora e a Terra toda era uma simbiose pacífica em todas as suas diferentes partes e relações. Cada pormenor da Criação foi designado a servir aos outros. A uma voz, todas as coisas testificavam do amor e da infinita sabedoria de Alguém que havia planejado e trazido tudo à existência.

A relação de idéias que aparece no pronunciamento final de Deus ao encerrar-se o relato da Criação não ocorre por acaso. Diz o texto:

a) Deus viu que tudo era muito bom, e então
b) descansou.

Está claro que o descanso do Criador nada tem a ver com fadiga. É o descanso que vem quando a ordem toma o lugar do caos. É paz que aparece após a tormenta. Deus viu que a Terra estava em repouso, e então descansou.

OBRA CONCLUÍDA

Aqui está a passagem na qual aparece a declaração de Deus (note especialmente os termos que numerei):

"Viu Deus tudo quanto *fizera* [1], e eis que era muito bom. Houve tarde e manhã, o sexto dia. Assim, pois, foram *acabados* [2] os céus e a terra e todo o seu exército. E, havendo Deus *terminado* [3] no dia sétimo a Sua obra, que *fizera* [4], descansou nesse dia de toda a Sua obra que *tinha feito* [5]. E abençoou Deus o dia sétimo e o santificou; porque nele descansou de *toda a obra* [6] que, como Criador, *fizera* [7]" (Gênesis 1:31 a 2:3).

Sete vezes essa passagem nos faz lembrar que a Criação foi uma obra concluída. Isso significa que Deus "descansou". Isto é, Ele cessou o que estava fazendo, porque havia completado Sua tarefa divina. *O ponto central é que não houve descuido; nada foi omitido ou passado por alto.* Nenhuma parte deixou de funcionar em perfeita harmonia com todas as outras. "Viu Deus tudo quanto fizera, e eis que era muito bom."

SINAL DE UMA PROVISÃO PERFEITA

Uma ilustração pode servir para realçar a importância deste ponto. Tente imaginar por um momento que Adão, após ser criado, tenha se colocado em pé e dito:

– O Senhor precisa de mim para ajudá-Lo em alguma coisa?

Diante disso, o Criador teria sorrido e respondido:

– Não, Adão; o trabalho já terminou.

– Mas deve haver algo que eu possa fazer. Quem sabe, pintar uns enfeites nas asas da borboleta.

– Não, as asas da borboleta já estão coloridas.

– Hmmmm, bem... talvez eu possa ensinar os passarinhos a cantar.

– Não, eles já sabem cantar muito melhor do que você poderia ensinar-lhes.

– E se eu verificar o ar, para ver se ele tem a quantidade certa de oxigênio? O Senhor sabe que um pouquinho a mais ou a menos é perigoso. Talvez eu possa ajudá-Lo na calibragem.

– Não; já cuidei disso também.

– Mas, Senhor, deve haver algo que eu possa fazer.

– Sim, na verdade há.

– O que é, Senhor?

– Quero que você descanse.

– Descansar? Mas como vou descansar se não fiz nada?

– Quero que você confie em mim, Adão. Você precisa acreditar que, na verdade, o trabalho está feito, que tomei providências completas e perfeitas para todas as suas necessidades. E é esse o significado do descanso no sétimo dia. Se Deus tivesse criado os seres humanos no início da semana e nos tivesse pedido algum tipo de ajuda, ou pelo menos solicitado nossa opinião, poderíamos receber algum crédito, não é mesmo? Mas Ele não o fez. A observância do sábado foi, é e sempre será uma celebração da obra de Deus, e não da nossa.

Assim como Adão, descansamos para mostrar nossa aceitação dessa realidade e dizer que confiamos na perfeita provisão de Deus para o nosso bem-estar e realização. Isso significa que repousamos tranqüilamente em Suas mãos, confiando em Sua sabedoria, Seu plano e Suas providências para a nossa vida. Reconhecemos a posição de Deus como Criador e aceitamos a nossa como criaturas. Dessa forma, num sentido profundo e significativo, o descanso no sétimo dia é um ato de adoração.

Em quase todas as religiões falsas, incluindo o falso cristianismo, a adoração é uma questão de *fazer* algo. Na Bíblia, porém, somos instruídos a adorar deixando de lado nossos afazeres. Devemos pôr à parte nossos esforços e lutas, cessar nosso labor e descansar na serena confiança de que o trabalho em nosso benefício está feito. O quarto mandamento declara: "O sétimo dia é o sábado." A palavra "sábado" significa, literalmente, "descanso". O sétimo dia é o descanso apontado pelo próprio Deus. É o dia durante o qual o Criador nos convida a participar com Ele do Seu descanso. Por isso, lemos: "não farás nenhum trabalho".

Ao repousar com Deus, declaramos ao Universo que o descanso sabático é sinal de um relacionamento com o Criador baseado na fé.[2] Mas o descanso no sábado não simboliza apenas esse relacionamento; ele o promove e aprofunda, tornando-se parte dessa realidade. Nosso descanso no sétimo dia não apenas declara que encontramos segurança (e, portanto, paz) no amor de Deus; ele fortalece essa segurança. Afirma e confirma o relacionamento entre Deus e Sua criação.

Por isso, o sábado é o complemento e a garantia dos primeiros três mandamentos, que nos ordenam adorar a Deus e dar-Lhe o primeiro lugar em nossa vida.

Seria possível guardar os três primeiros mandamentos em nosso íntimo, observá-los de alguma forma que não fosse imediatamente visível a outras pessoas. Poderíamos decidir de coração honrar a Deus e torná-Lo o primeiro. É bem possível que ninguém notasse que não nos inclinamos diante de imagens. Mas isso não seria verdade com respeito à observância do sábado. Por ser óbvia, ela é um anúncio público. Essa pode ser a razão pela qual a Escritura diz que o sábado é um "sinal" do concerto entre Deus e Seu povo (Ezequiel 20:12 e 20).

UM MANDAMENTO DE MISERICÓRDIA

Você tem idéia de quantas pessoas se sentem desesperadas e frustradas com as responsabilidades e os problemas da vida? Vivemos apressados e preocupados. O tempo nunca é suficiente. Precisamos ganhar o sustento, manter a casa, melhorar os relacionamentos, educar os filhos, cuidar da saúde, conseguir um diploma, pagar as contas e seguir uma carreira. Essas e milhares de outras tarefas exigem constantemente nossa atenção. O problema é que somos finitos, e a vida nunca pára de exigir mais e mais. Quando o famoso magnata britânico Cecil Rhodes estava para morrer, teria murmurado: "Tão pouco realizado e tanto por fazer!" Hoje, um número incontável de pessoas ecoa essa frustração.

Em meio à desenfreada sucessão de eventos e às estridentes exigências de uma vida que, como a boca da sepultura, nunca brada "Já basta!", o grande Deus Criador nos oferece o sábado. O autor Herman Wouk, que observava o sábado, escreveu: "O sábado representa os braços de uma mãe que se estendem para receber um filho cansado."

"Seis dias trabalharás", diz o mandamento. Esse é o tempo que lhe foi concedido. Trabalhe, lute e dê o melhor de si durante esse tempo. Mas tudo isso tem um limite – o sábado. Nesse dia, você deve descansar.

O quarto mandamento ordena trabalhar, mas não diz: "Trabalhe até cair exausto." Tampouco manda continuar labutando até que o trabalho esteja concluído. Em vez disso, declara que você deve, sim, trabalhar, mas há um limite para o que tem de fazer.

O sábado é uma parábola da vida, porque ensina que chegaremos ao fim dos nossos dias e daremos nosso último suspiro ainda pensando em coisas que gostaríamos de fazer – se tivéssemos tempo. Ele nos ensina a fazer o que podemos no tempo disponível, e depois descansar. Com o sábado, aprendemos a medir nossas realizações não pela norma de nossa própria perfeição, mas pelo padrão do amor de Deus.

Aquele que nos criou sabe que nossa ambição egoísta (ou mesmo o nosso desejo sincero de fazer o melhor) pode levar-nos à intemperança e ao excesso. Conseqüentemente, Ele nos deu o quarto preceito do Decálogo como um mandamento de misericórdia. "Seis dias trabalharás", diz Ele, "mas no sétimo dia não farás nenhum trabalho."

Jesus relembrou ao povo de Sua época que o sábado foi feito *para* a humanidade (Marcos 2:27). É uma preciosa dádiva oferecida para nosso benefício e proteção. O sábado é um porto, nosso abrigo da interminável tormenta da existência, um oásis onde o viajante cansado pode encontrar restauração e renovação antes de retomar as lutas da vida.

O SÁBADO NUM MUNDO FRAGMENTADO

– É assim que Deus disse: "Não comereis de toda árvore do jardim"?

Essa pergunta deve ter parecido inocente. E a mulher, sem suspeitar de nada, foi rápida em responder. Ela defenderia o Criador de uma acusação falsa (ver Gênesis 3:1-5).

– Não é verdade! – disse ela. – Temos a permissão de comer do fruto das árvores do jardim. Mas com relação ao fruto da árvore que está no meio do jardim, Deus disse: "Dele não comereis, nem tocareis nele, para que não morrais."

– É lógico que vocês não vão morrer! – afirmou o inimigo, com um sorriso afetado. – O que acontece é que Deus sabe que, quando vocês comerem deste fruto, seus olhos se abrirão e vocês serão como Ele, conhecendo o bem e o mal. *Aqui está algo que Deus não quer que vocês conheçam. Ele está retendo informações que seriam para benefício de vocês.*

O sábado era uma mensagem de fé: "Confiem em Mim. Aceitem que realmente tomei providências perfeitas." Mas a mensagem do inimigo era precisamente o oposto: "Não é verdade que Deus tomou providências perfeitas. Está faltando alguma coisa. Vocês precisam se afastar do plano dEle, escolher o próprio rumo e se defender por conta própria."

Ao aceitar essas insinuações, Adão e Eva se uniram ao inimigo em sua atitude de desconfiança e desobediência. Isso causou a necessidade de uma providência adicional, um plano pelo qual Deus pudesse resgatar seres humanos de sua confusão e restaurá-los a um relacionamento de fé, confiança e obediência.

Foi numa sexta-feira que Deus concluiu Sua obra e descansou da tarefa da Criação. E também foi numa sexta-feira que Jesus concluiu a obra da redenção. Quando inclinou a cabeça ao morrer, disse: "Está consumado!" (João 19:30).

Depois disso, os discípulos tiveram apenas o tempo suficiente para remover o corpo da cruz e colocá-lo na tumba nova de José. Enquanto saíam apressados, o sol se punha. A Escritura diz: "E começava o sábado" (Lucas 23:54). Assim, pela segunda vez, o Salvador descansou no sétimo dia de uma obra terminada.

O sábado, criado para comemorar as providências de Deus para um mundo perfeito, assumiu então um significado adicional. Daquele dia em diante, simbolizaria também Suas providências para um mundo em pecado: o plano para nos redimir, curar e restaurar a uma relação de fé e confiança nEle.

Este segundo significado do sábado foi apresentado muito tempo antes da cruz. Quando Deus deu os Dez Mandamentos no Sinai, explicou a razão para o sábado fazendo alusão à Criação. Mas, quando Moisés repetiu os mandamentos 40 anos mais tarde, citou-os de uma forma que prenunciava claramente a segunda razão para a observância do sábado: "Porque te lembrarás que foste servo na terra do Egito e que o Senhor, teu Deus, te tirou dali com mão poderosa e braço estendido; *pelo que* o Senhor, teu Deus, te ordenou que guardasses o dia de sábado" (Deuteronômio 5:15).

Deus criou os seres humanos para ocuparem uma posição de soberania (Gênesis 1:26 e 27). A escravidão é o oposto disso. O Senhor não só havia resgatado Seu povo da escravidão literal, mas tinha a intenção de resgatá-lo para um relacionamento de confiança com Ele (Êxodo 19:4). Como resultado, o povo deveria assumir uma posição de liderança, sendo elevado ao *status* de "sacerdócio real" (ver os versos 5 e 6; I Pedro 2:9; Apocalipse 5:10).

Dessa forma, o sábado é uma comemoração não apenas da Criação, mas também da redenção.

Já observamos o significado do sábado como complemento e garantia dos três primeiros mandamentos. Mas, como sinal de nosso resgate da escravidão, o sábado também nos traz à consciência a necessidade de respeitar nossos semelhantes. Ordena que nos lembremos da rocha de onde fomos talhados e do poço do qual fomos cavados (Isaías 51:1). Assim, o quarto mandamento também dá sentido aos seis preceitos seguintes, que lidam com nossos deveres para com as outras pessoas (ver Deuteronômio 16:11 e 12).

ENTRANDO NO DESCANSO

Muitas vezes, parece que a segunda lei da termodinâmica está tentando se impor na minha vida, e que o princípio da desordem vai vencer. Já cheguei a pensar que a experiência que tive naquela noite tempestuosa enquanto viajava para Livingston estaria destinada a ser uma realidade permanente na minha vida.

Suponho que o apóstolo Paulo tenha sentido algo parecido quando confessou: "Não faço o que gostaria de fazer. Pelo contrário, faço justamente aquilo que odeio. ... Não faço o bem que quero, mas justamente o mal que não quero fazer é que eu faço. ... Dentro de mim eu sei que gosto da lei de Deus. Mas vejo uma lei diferente agindo naquilo que faço, uma lei que luta contra aquela que a minha mente aprova. Ela me torna prisioneiro da lei do pecado que age no meu corpo" (Romanos 7:15-23, NTLH).

Com total honestidade, o grande apóstolo admite que ele é um ser humano perfeitamente normal e que as tormentas espirituais são uma realidade na sua vida assim como o são para os demais. Essa é uma experiência que todo ser humano – convencido da necessidade de mudança e aperfeiçoamento, embora se encontre preso a um combate mortal com velhos hábitos e paixões – pode entender e apreciar.

Estamos condenados a sempre navegar em meio a um temporal implacável? Não. Na mesma passagem, o apóstolo indica onde encontrar o porto: "Graças a Deus por Jesus Cristo, nosso Senhor", exclama ele (verso 25). "Agora, pois, já nenhuma condenação há para os que estão em Cristo Jesus. Porque a lei do Espírito da vida, em Cristo Jesus, te livrou da lei do pecado e da morte" (Romanos 8:1 e 2).

Em outro lugar, a Escritura fala do sábado como um tipo ou símbolo desse repouso espiritual que Deus concede a Seus filhos. "Portanto, resta um repouso para o povo de Deus. Porque aquele que entrou no descanso de Deus, também ele mesmo descansou de suas obras, como Deus das Suas" (Hebreus 4:9 e 10).

Adão aceitou que Deus realmente havia feito uma provisão para ele na obra perfeita de criação, e mostrou essa aceitação descansando no sábado. Os cristãos se unem a ele para comemorar a bondade e a amorosa providência de Deus na Criação. Ao apartar-nos do ritmo incessante de nossas atividades habituais e da pressão da vida durante as horas sabáticas, lembramo-nos de que o mundo não gira em torno de nós. Afinal, o Sol não se ergue pela manhã e as flores não desabrocham por ordem nossa. A criação pode continuar perfeitamente bem sem qualquer ajuda de nossa parte. O descanso físico no sábado reconhece e celebra a maravilhosa providência para nós no mundo físico, assim como tem acontecido com o povo de Deus desde o começo do mundo.

E nossa fé em Jesus acrescenta uma nova e gloriosa dimensão a tudo isso. Como indica a passagem de Hebreus 4, o repouso do sábado agora significa que aceitamos que Cristo realmente alcançou para nós a salvação na cruz do Calvário.

Devido a essa obra consumada, o cristão pode "descansar de suas obras", isto é, do esforço frustrante de obter a salvação através de bons atos pessoais. Simplesmente aceitamos pela fé que, quando Jesus disse "Está consumado", realmente estava consumado, e que Ele alcançou uma salvação plena e ilimitada para "todo o que nEle crê" (João 3:16).

Essa relação de fé e confiança em Deus, simbolizada e aprofundada quando descansamos no sétimo dia, é "a paz de Deus, que excede todo o entendimento" (Filipenses 4:7). É o descanso desfrutado por todos os que estão "em Cristo Jesus". Não mais necessitam ser jogados daqui para lá num mar de problemas e ansiedades. Podem entrar no porto e encontrar paz e descanso.

Talvez você esteja indagando o que fazer a respeito de tudo isso. Insisto para que você não hesite mais. Com passos alegres e confiantes, entre no repouso sabático. "Temamos, portanto, que, sendo-nos deixada a promessa de entrar no descanso de Deus, suceda parecer que algum de vós tenha falhado" (Hebreus 4:1).

---

[1] Não peço desculpas por tratar os primeiros capítulos de Gênesis como uma história a ser levada a sério. Mas entendo a desconfiança de alguns que pensam de modo diferente. Eles crêem que essas histórias bíblicas não representam eventos reais. Antes, consideram-nas como ferramentas didáticas ou mensagens que ensinam uma lição. Em ambos os casos, é claro que qualquer abordagem dos Dez Mandamentos terá de lidar com esses capítulos, porque são básicos para compreendermos a lei moral e, com efeito, toda a mensagem da Bíblia.

[2] Não é irônico que algumas pessoas acusem os observadores do sábado de crer na salvação pelas obras quando, na verdade, a observância do sábado significa exatamente o oposto?

O último beijo

O Quinto Mandamento
Honra teu pai e tua mãe, para que se prolonguem os teus dias na terra que o Senhor, teu Deus, te dá. **ÊXODO 20:12**

ELENI GATZOYIANNIS vivia na Grécia numa época em que a guerra civil ameaçava dividir o país (1946-1949). Quando os comunistas tomaram sua casa para torná-la seu quartel-general, ela não ofereceu resistência. Quando a obrigaram a trabalhar em projetos para a comunidade e recrutaram sua filha mais velha para o exército, ela não se recusou. Esperava que tudo aquilo fosse temporário e que um dia a vida voltaria ao normal.

Mas então eles anunciaram que levariam seus meninos, de 6 e 8 anos de idade, para outro país, onde seriam treinados dentro dos princípios do Partido Comunista. No íntimo do seu ser, ela sabia que aquilo não devia acontecer e começou a planejar sua fuga. Ela concluiu que, se tentasse levá-los através das linhas rebeldes, nunca chegariam lá, mas raciocinou corretamente que duas crianças andando juntas pela estrada não atrairiam muita atenção. Às primeiras luzes do amanhecer, ela foi com eles tão longe quanto sua ousadia permitiu. Então, com um último abraço apertado, em meio a lágrimas, deu o último beijo e apressou-os pelo caminho. A última coisa que os meninos viram ao se virarem para trás foi sua mãe acenando para eles à distância.

Quando os camaradas chegaram em busca dos meninos, ela tentou despistá-los, mas a verdade logo apareceu. Os líderes rebeldes a aprisionaram no porão de sua própria casa e a torturaram. Depois a levaram ao pomar e a colocaram diante de um pelotão de fuzilamento. Aqueles que testemunharam a cena disseram que, momentos antes da execução, ela ergueu os braços e clamou: "Meus filhos! Meus filhos!"

Dá para entender por que a história dessa corajosa mãe comove o coração de milhões. Toca uma corda em cada coração, porque o relacionamento entre pais e filhos é universal. Eleni fez o que toda mãe sente que faria se as circunstâncias o exigissem. A maioria dos pais morreria por seus filhos, não com dúvida ou hesitação, mas com alegria.

O quinto mandamento fala dessa poderosa relação. E, por uma boa razão, dirige-se aos filhos. Acontece que nem todos se casam, e muitos nunca chegam a ser pais, mas cada um é um filho ou uma filha. Nossa relação com os pais, ou mesmo a falta dela, afeta a cada um de nós para o bem ou para o mal até o último dia da nossa vida. E é disso exatamente que trata o quinto mandamento. Ele focaliza uma atitude e uma relação.

Não podemos alterar a realidade em que nascemos. Nenhum de nós recebeu a oportunidade de escolher os pais. Tampouco podemos mudá-los para que se harmonizem com nossas idéias. Um escritor bíblico lembrou que nossos pais "nos corrigiram por pouco tempo, segundo melhor lhes parecia" (Hebreus 12:10). Eles podem ter realizado seu trabalho com grande habilidade ou com muitos erros; ou, no caso da maioria, com uma mistura dos dois. O que fizeram ou deixaram de fazer exerceu inevitavelmente um impacto sobre nós; mas nunca se pode exagerar ao dizer que somos mais afetados por nossa atitude para com os esforços deles do que pelo método específico que usaram.

E isso é precisamente o que o quinto mandamento aborda. Ele coloca no lugar certo o peso do sucesso no relacionamento entre pais e filhos. O mandamento focaliza um aspecto da relação que mais nos influencia, e é aquele no qual temos uma escolha. Embora não possamos escolher nossos pais nem mudá-los, a atitude para com eles depende definitivamente de nós.

Durante muitos anos, participei da comissão de disciplina de uma universidade cristã. Certo dia, um estudante, cuja linguagem corporal falava por si, sentou-se diante da nossa mesa. A comissão estava menos interessada em descobrir os pormenores específicos do que ele havia feito do que em sua atitude com relação a continuar na universidade. Porém, a resposta parecia óbvia. Ele fixou os olhos cheios de ódio em nós, com os braços cruzados sobre o peito. A entrevista que ocorreu não foi surpreendente. Tudo o que dizíamos causava uma raivosa explosão ou uma réplica. Não demorou para que os membros da comissão começassem a balançar a cabeça e a olhar um para o outro.

Após alguns minutos, sem chegar obviamente a lugar nenhum, eu disse:
– Paulo, quero entender o que você está tentando nos dizer. Até a mais simples pergunta que lhe fazemos recebe uma resposta irada. Qual é o problema? O que está tentando dizer?

Ele não respondeu, mas fixou os olhos diretamente em mim. Percebi que ele apertava e soltava o maxilar. Depois de outra pausa, continuei:
– Eu me pergunto se você se vê numa relação de inimizade com a comissão, como se estivéssemos em lados opostos, em guerra. É assim que você se sente?

Com isso, o seu olhar desafiador pareceu abrandar-se um pouco, mas ele continuava silencioso até que falei:
– Paulo, como é a situação entre você e seu pai? Você age assim com ele também? É isso que você está trazendo para cá hoje?

Então, pela primeira vez, ele olhou para baixo e a expressão no seu rosto ficou quase suplicante. Por fim, ele disse em voz baixa:
– Sim, é isso o que acontece.

Estaria Paulo decidido a magoar e embaraçar seu pai? Acho que devia estar. E certamente ele tinha o poder de fazê-lo. Nesta vida, somos julgados mais pelos resultados que alcançamos do que por aquilo que fizemos ou não para alcançá-los. Em nenhum outro aspecto isso é mais verdadeiro do que na paternidade. E também é verdade que ninguém pode magoar-nos tanto quanto alguém que nós amamos.

Mas não foi necessário muito esforço para concluir que a pessoa mais afetada pela atitude de Paulo era o próprio jovem. Seu presente e seu futuro estavam em jogo por causa de sua raiva não-resolvida. Nossos esforços naquele dia e o aconselhamento subseqüente foram malsucedidos. Pouco depois da entrevista, ele ultrapassou o limite do qual estivera tão perto naquela ocasião.

Como o caso de Paulo ilustra tão claramente, a maneira como nos sentimos acerca de nossos pais – nossa atitude para com eles e a profunda reação evocada em nós quando pensamos neles – moldará profundamente a forma como nos relacionamos com todas as autoridades e, em menor grau, com todos os outros seres humanos. E tudo indica que afetará nossa relação com Deus também.

O princípio exposto no quinto mandamento é um sólido alicerce para o bom êxito na escola, no trabalho e até no casamento. Com efeito, na primeira vez em que a Bíblia menciona o casamento, ela o descreve como um homem que deixa seu pai e sua mãe e se une à sua esposa (Gênesis 2:24). Assim, a Bíblia vê o casamento como uma transferência e, em certo sentido, a continuidade de uma relação que começou com nossos pais. Pessoas com problemas não-resolvidos com seus pais entram para o casamento em grande desvantagem e correm elevado risco de ter dificuldades em outras áreas da vida também. Por isso, o mandamento diz que, se honrarmos nossos pais, a nossa vida será prolongada na terra que o Senhor nosso Deus nos dá (ver Êxodo 20:12). Isso quer dizer que uma relação saudável com nossos pais é a base de bons relacionamentos, paz mental e sucesso ao longo da trajetória da vida.

A HONRA É UMA ATITUDE DO CORAÇÃO

Os Dez Mandamentos parecem dividir-se em dois grupos. Os quatro primeiros focalizam nossa relação com Deus, e os seis restantes nos ensinam a interagir com outros seres humanos. O primeiro mandamento diz que devemos adorar nosso Pai celestial. O que estamos analisando agora, o primeiro no grupo das relações humanas, requer que honremos nossos pais.

A honra, assim como a adoração, é uma atitude do coração. Não se refere a um ato ou comportamento específico para com os nossos pais, mas à maneira como escolhemos relacionar-nos com eles.

O apóstolo Paulo diz que o quinto mandamento requer dos filhos a obediência a seus pais (Efésios 6:1). Quando algumas pessoas, incluindo pais, ouvem a palavra "obediência", imediatamente pensam em controle. Eles a interpretam como age uma máquina quando se abre uma válvula ou gira uma chave. Mas a obediência que brota de uma atitude de "honra" é uma resposta inteligente, uma expressão ativa de amor e respeito, não uma aquiescência automatizada para com a autoridade.

Note como o sábio enfatiza essa idéia: "Filho meu, guarda o mandamento de teu pai e não deixes a instrução de tua mãe; ata-os perpetuamente ao teu coração, pendura-os ao teu pescoço. Quando caminhares, isso te guiará; quando te deitares, te guardará; quando acordares, falará contigo" (Provérbios 6:20-22). Note que ele está descrevendo uma atitude. A obediência sem a atitude de honra é uma labuta enfadonha e pesada.

Honrar nossos pais significa que desejaremos que eles se sintam bem porque nós mesmos somos bons. Significa também fazer com que sejam bem-sucedidos em seus esforços para que tenhamos sucesso. O quinto mandamento nos manda tirar as luvas de boxe e sair do ringue, ouvir o conselho deles, falar bem deles e procurar meios de mostrar-lhes nosso apreço e respeito. Novamente ouvimos o homem sábio: "Alegrem-se teu pai e tua mãe, e regozije-se a que teu deu à luz" (Provérbios 23:25).

O princípio da honra não varia, mas a forma como se aplica muda ao longo da vida. Altera-se de acordo com o tempo e as circunstâncias. Pouco depois de concluir o curso universitário, tive o privilégio de desfrutar a amizade de Henry Baasch. Nascido em 1885 em Hamburgo, Alemanha, era um homem rico em experiência, bom humor e sabedoria.

Um dia ele me perguntou:

– Você é filho de seu pai?

– Ah, bem, sim, acho que sim – respondi, sem saber direito o que ele queria dizer.

– Acho que é – disse ele. – Você tem só 21 anos, não é mesmo? Não se preocupe; isso vai mudar. Primeiro, seu pai é seu pai; depois se torna seu filho. Já aconteceu comigo, sabe. Agora meu filho é meu pai. Ele me diz o que fazer, e tenho de ouvi-lo.

O princípio da honra se expressará de modo diferente para um menino de cinco anos e outro de catorze. E aos 14 não é a mesma coisa que aos 25. A fraqueza e a debilidade de nossos pais ao envelhecerem causam outras mudanças. A honra para com eles assume nova dimensão. Deixar de reconhecer e adaptar-se a essas novas circunstâncias é a fórmula para o surgimento de problemas. No entanto, quando o relacionamento vai bem, é no ocaso da vida que podemos mais plenamente apreciar o significado das palavras de Davi:

"Herança do Senhor são os filhos;
o fruto do ventre, seu galardão.
Como flechas na mão do guerreiro,
assim os filhos da mocidade.
Feliz o homem que enche deles
a sua aljava" (Salmo 127:3-5).

Naturalmente, nem mesmo a morte de nossos pais anula nossa obrigação de honrá-los. Nosso estilo de vida pode ainda representá-los bem e honrar sua memória. Podemos viver de um modo que expresse gratidão para com aquilo que eles defenderam e que recebemos deles.

DE QUEM É A RESPONSABILIDADE

Ao dirigir-se à descendência, e não aos pais, o quinto mandamento coloca a responsabilidade onde em última análise ela deve estar. Para a maioria das pessoas, é verdade que os pais fazem uma diferença maior na sua vida do que qualquer outro ser humano. Quem se torna pai assume uma grande responsabilidade. Mas o mandamento concentra nossa atenção no ponto crítico da atitude dos filhos para com a relação, porque ela é, basicamente, o que fará a maior diferença.

Nossos pais podem disciplinar-nos, aconselhar-nos, dar um bom exemplo, chorar por nossa causa e orar por nós. Mas nunca farão especificamente aquilo que faz toda a diferença. Eles não podem tirar de nós o poder de decisão. A maior honra que lhes podemos conceder não será por palavras ou por amontoar flores sobre suas tumbas, mas por ser o tipo de pessoa que devemos ser. E a escolha de fazê-lo repousa inteiramente em nossas mãos.

Um dos felizes resultados de ter passado uma vida inteira na sala de aula é que tenho muitos amigos jovens que nunca deixam de responder com entusiasmo e boa vontade quando vêem uma necessidade real. Suponha que eu tivesse de empurrar meu carro da garagem para a rua numa manhã e esperasse até que alguns dos meus jovens amigos passassem pela frente de casa. Chamando-os, eu diria:

– Será que vocês poderiam dar um empurrãozinho?

Você acha que eles me deixariam na mão? De jeito nenhum.

Assim, depois de me empurrarem por um quarteirão e eu perceber que estavam ficando cansados, eu anunciaria:

– OK. Aprecio muito o que fizeram. Já é suficiente.

Depois, ao saírem, eu veria se mais alguém poderia fazer a mesma coisa. Seria possível repetir essa estratégia umas três ou quatro vezes, mas não demoraria para que alguém perguntasse:

– Mas aonde é que o senhor quer chegar? Quer que empurremos o carro até o posto de gasolina ou a oficina mecânica?

A essa altura, eu teria de contar-lhes a verdade.

– Bem... não exatamente. Acontece que, bem... preciso chegar a Monterey, e vocês sabem que o preço da gasolina tem aumentado ultimamente.

Acham que meu plano daria certo?

Como eu disse, conheço um bom número de jovens extraordinários. Eles têm bom coração e estão sempre prontos para uma piada e um divertimento. Quando alguém lhes dá uma cutucada na direção certa da vida, não se rebelam nem resistem. Tomam a direção certa por algum tempo, mas logo começam a brincar de novo, desperdiçando tempo, à espera de alguém que lhes dê outro empurrão.

Agora, não me entendam mal – todos nós precisamos de um bom conselho e uma palavra de ânimo. Um bom empurrãozinho espiritual no momento certo pode ser exatamente aquilo de que precisamos para começar.

Por vezes, quem sabe, isso inclui até alguma correção séria ou repreensão. Porém, cedo ou tarde (e melhor se for mais cedo do que mais tarde), teremos de ligar nossos motores. Ninguém vai me empurrar o caminho todo até Monterey. Ninguém tampouco vai empurrar você até o Céu.

Veja se pode imaginar a seguinte cena. Uma mulher chega aos portões do Céu e tenta esgueirar-se lá para dentro sem ser notada.

– Espere aí! – diz o porteiro. – Aonde está indo?

– Quem, eu? – Ela parece estar realmente nervosa por algum motivo. – Ah, bem, é que eu li o verso onde está escrito que, se eu lavar minhas vestes e torná-las brancas no sangue de Jesus, posso entrar na cidade pelas portas [Apocalipse 22:14]. Foi isso que eu fiz: eu as lavei e aqui estou.

– Mas noto que a senhora está carregando algo sob as suas vestes. O que é?

Diante disso, a pobre mulher fica ainda mais nervosa. Parece que está a ponto de chorar.

– Ah, isto aqui. É só uma coisa... hã... algo que eu queria trazer comigo.

– O que é?

Agora suas lágrimas começam a cair. – Senhor, é um dos meus filhos. Quero muito que ele esteja aqui comigo. Por favor, não posso entrar com ele também?

Se você acha que essa cena é apenas humorística, talvez ainda não tenha percebido o quanto os pais anseiam dar aos seus filhos a coisa mais preciosa que poderiam desejar para si mesmos, e o quanto sua alegria e paz mental estão ligadas a essa questão.

Mas isso nunca poderá acontecer. O profeta Ezequiel faz uma vívida comparação. Diz que, mesmo que Noé, Daniel e Jó vivessem hoje, por sua fidelidade não poderiam salvar a ninguém além de si próprios (Ezequiel 14:20). É assim que acontece, porque a fé não é transferível.

Às vezes dizemos que Deus não tem netos. Também é verdade que Ele não tem sobrinhas ou sobrinhos, parentes por afinidade ou qualquer outra coisa. Ele tem apenas filhos. Isso significa que não podemos estabelecer uma relação com Deus por meio da fé manifestada por alguém e entrar no Céu agarrados às abas do seu casaco. Nossos pais podem ter sido boas pessoas. Nesse caso, devemos ser agradecidos; afinal, nem todos têm esse privilégio. Mas precisamos fazer algo mais do que apenas admirá-los. Precisamos tomar nossa própria decisão e aceitar o sacrifício de Jesus em nosso favor. Estabelecendo nosso próprio relacionamento pessoal com Deus, devemos adotar a disciplina espiritual da oração e fé, e experimentar por nós mesmos "o lavar regenerador e renovador do Espírito Santo" (Tito 3:5).

É por isso que o quinto mandamento se dirige aos filhos e não aos pais, porque é com eles que fica realmente a responsabilidade.

O OUTRO LADO DA HONRA

É claro que nada do que eu disse antes diminui ou minimiza a responsabilidade dos pais ou lhes dá motivo para achar que têm pouca ou nenhuma responsabilidade pelo modo como lidaram com seus filhos. É impossível considerar a atitude dos filhos para com seus pais sem também vê-la como uma moeda de dois lados, porque a interação entre pais e filhos é recíproca. Quando o apóstolo Paulo fala sobre o quinto mandamento, deixa claro que o dever dos filhos de honrar seus pais é contrabalançado pelo dever dos pais para com os filhos (Efésios 6:1-4; Colossenses 3:20 e 21).

Notamos que a honra que os filhos devem dar a seus pais é uma atitude de amor e respeito, em vez de uma aquiescência automatizada para com a autoridade. A questão vital para os pais é: Que tipo de ensino e exemplo posso dar, que tipo de interação posso promover para facilitar esse tipo de reação? Como posso encorajar nos meus filhos essa resposta inteligente?

Um sistema de disciplina baseado na coerção e no castigo claramente não é a resposta. A obediência que não envolva a razão e a participação de uma vontade autônoma não é "honrosa".

Se queremos ver em nossos filhos uma resposta que brote de seu próprio raciocínio, inteligência e boa vontade, então, o mais cedo possível e com a maior freqüência possível (em alguns casos, mais cedo e com maior freqüência do que seria confortável), devemos começar a apelar para essas faculdades superiores, lembrando que nosso objetivo não é controlar, mas estimular uma atitude de honra.

Valorizar a vontade dos filhos não envolve uma renúncia irresponsável da autoridade paterna. Mas significa que, desde cedo, deixaremos que façam o maior número de escolhas. Precisamos procurar oportunidades para que possam exercer sua vontade e decidir. Naturalmente, não iríamos perguntar a uma criança de dois anos: "Você prefere tomar suco de laranja ou uma latinha de cerveja?" Mas, se procurarmos as oportunidades e até as criarmos, haverá muitos momentos em que poderão começar a exercer o poder de escolha. "Você quer o suco de laranja no copinho azul ou naquele com desenho de flores?" E, antes de lhes dizer "não" ou "você tem que fazer como eu mandei", perguntaremos a nós mesmos: "Isso realmente importa? Que dano vai causar?"

Alguns anos atrás, a psicologia popular tinha uma corrente conhecida como "análise transacional". As letras P-A-C, que representam pai-adulto-criança, resumiam um aspecto fundamental da teoria. A idéia era que todo intercâmbio (ou transação) entre duas pessoas ocorre num desses três níveis. Um "pai" corrige, instrui, ordena e repreende. "Pegue aquela camisa e coloque-a no guarda-roupa." Essa é, naturalmente, uma intervenção "P" (de "pai"). A resposta lógica e apropriada a essas palavras será uma reação "C" (de "criança"): "Ah, mamãe, tenho que fazer isso mesmo?" Ou talvez até: "OK, mamãe, já vou."

Uma intervenção "A" ou de "adulto" é aquela que considera a outra pessoa como sendo inteligente, disposta a fazer a coisa certa e capaz de tomar uma boa decisão. A resposta natural para uma intervenção de adulto é uma reação de adulto. O princípio do qual falamos aqui significa que, tão logo quanto possível e com a maior freqüência possível, devíamos envolver nossos filhos em transações de adulto-para-adulto.

Quando nosso filho David tinha oito anos de idade, precisava tomar o ônibus escolar todas as manhãs às 8h30. Descobri que acordá-lo em tempo era uma tarefa monumental que parecia ficar pior com o passar dos dias. Todas as manhãs, eu entrava e anunciava: – David, está na hora de levantar.

E a resposta dele era algo que você teria de pronunciar mais ou menos assim:

– Mmmmmmmmm. Hmmmmmmmm.

Alguns minutos mais tarde: – David! Eu disse que é hora de levantar. Você me ouviu?

– Mmmmmmmmm. Hmmmmmmmmm.

Mais tarde, totalmente exasperado, eu gritava: – Você saia dessa cama neste minuto! Se não se levantar agora, você vai ver!

A essa altura, com os olhos abertos uns 20%, David começava a se mexer, enquanto eu tentava apressá-lo a tirar o pijama e vestir o uniforme da escola.

Eu havia lido acerca do "P-A-C", mas obviamente a leitura não dera bom resultado no fim das contas.

Finalmente, certa manhã, entrei e disse: – Oi, David!

– Que foi?

– A que horas você vai levantar?

Diante disso, os olhos azuis se abriram e ele me olhou sério. – Não sei. Que horas são?

— Faltam quinze para as sete.
— Ah, OK — disse ele, e imediatamente se sentou e começou a tirar o pijama.

Quem dera pudesse eu dizer que nunca mais cometi o mesmo erro, mas a experiência serviu para reforçar o princípio: o melhor plano para ajudar nossos filhos a se tornarem adultos responsáveis é dar-lhes responsabilidade, deixá-los encarregados de suas próprias decisões tão cedo quanto possível e com a maior freqüência possível.

Eu havia assumido a tarefa de fazer com que David saísse para a escola em tempo e, ao fazê-lo, tirei a responsabilidade das mãos dele. Ao colocá-la de volta em seu devido lugar, ajudei-o a preparar-se para a vida no mundo real. E o auxiliei a guardar o quinto mandamento, porque a honra é, acima de tudo, um exercício da vontade livre, uma decisão racional de adotar uma atitude que resulte em bons e agradáveis relacionamentos com nossos pais em primeiro lugar, e depois com todos os outros com quem tratamos na vida.

Isso significa, na prática, que às vezes deixaremos que façam escolhas erradas? Em alguns casos, não há maneira melhor de aprenderem do que sofrer as conseqüências de uma decisão errada. E, à medida que a capacidade de julgamento e a maturidade de uma criança crescem, haverá um aumento gradual na sua autonomia e na responsabilidade.[1]

O ÚLTIMO BEIJO

Não me lembro da primeira vez em que minha mãe me beijou. Deve ter sido quando eu era bebezinho, porque ela certamente me beijou muitas vezes enquanto eu crescia. Embora não me lembre do primeiro beijo, recordo-me do último.

Os anos passam voando, e todo relacionamento humano traz consigo algumas tensões e atritos. Isso não é horrível ou desonroso, mas normal. Se, porém, tivermos no coração o abrangente princípio da honra, o amor prevalecerá. Então, quando as tensões nos ameaçarem, talvez trazendo dor e até amargura, deveríamos pensar naquele último beijo, porque ele certamente virá. O que você desejará recordar quando se despedir dos seus pais pela última vez?

Um amigo me contou que, quando seu pai envelheceu, a mente daquele idoso homem nem sempre era clara. Mesmo assim, quando se aproximou o aniversário do seu pai, meu amigo lhe telefonou.

— Feliz aniversário, papai! — disse ele. — E que Deus o abençoe.

Naquele dia os pensamentos do seu pai estavam bem coordenados, porque ele respondeu imediatamente:

— Não, filho. A bênção é para você. Deus o abençoe, porque você sempre me honrou.

Dois meses mais tarde, meu amigo sepultava seu pai. Que conforto foi para ele, então, lembrar-se das palavras do pai!

Os funerais são sempre tristes, mas nunca presenciei mais angústia e pranto do que nas ocasiões em que o remorso deixa ainda mais amarga a tristeza da despedida.

Assim, pense nisso enquanto você ainda tem a oportunidade, enquanto você ainda pode fazer algo ou dizer alguma coisa que faça a diferença. Pense no último beijo, porque ele *virá*. Honre seu pai e sua mãe, e seus dias na Terra serão não apenas prolongados, mas muito mais satisfatórios e cheios de paz, alegria e sucesso.

---

[1] "Com freqüência, é pessoalmente inconveniente permitir às crianças tempo para debater alternativas, e pode ser pessoalmente frustrante quando as escolhas delas contradizem nossas preferências. Se houver algum 'orgulho' egoísta e sensível em jogo, é muito difícil para a maioria dos adultos não controlar as crianças de maneira autocrática. Então, à semelhança de qualquer ditadura, isso parecerá 'mais eficiente' – para o ditador, pelo menos. O efeito sobre o caráter, contudo, é reprimir o desenvolvimento do julgamento racional e criar ressentimentos que vão impedir o desenvolvimento de impulsos genuinamente altruístas" (Robert Peck, Robert Havighurst e outros, *The Psychology of Character Development* [Nova York: Wiley, 1960], pág. 191).

Fazendo o impossível

O Sexto Mandamento
Não matarás. **ÊXODO 20:13**

"DE REPENTE, *pam! pam! pam!* Disparam três ou quatro armas. ... Os rapazes saltam para o rio – ambos feridos. Enquanto nadavam correnteza abaixo, homens corriam ao longo da margem, atirando contra eles e gritando: 'Mate-os, mate-os!' Aquilo me deixou tão arrasado... Desejei jamais ter chegado naquela noite para ver coisas assim."[1]

Nessa passagem, Huck Finn descreve o selvagem assassinato de dois adolescentes, resultado de uma inimizade tradicional entre famílias. A história é ficção, mas quando Mark Twain a escreveu, em 1884, essas hostilidades eram comuns em todo o sul dos Estados Unidos e especialmente em Appalachia, onde clãs rivais lutavam entre si com feroz intensidade até no começo do século 20.[2]

Twain fez com que um de seus personagens explicasse assim: "Um homem tem uma rixa com outro homem e o mata; então o irmão do outro homem mata este; então os outros irmãos, dos dois lados, vão em busca uns dos outros; depois os primos entram em cena; por fim, todo o mundo está morto e não há mais inimizade entre as famílias. Mas isso acontece devagar, e leva um bom tempo."[3]

O mais famoso desses duelos sanguinários foi a prolongada guerra entre as famílias Hatfield e McCoy, que viviam em lados opostos da divisa entre Kentucky e Virgínia Ocidental. As origens da hostilidade são obscuras. Mas, segundo algumas fontes, o problema começou em

1878 com uma disputa sobre quem seria o dono de dois porcos selvagens. No auge da rivalidade, grupos de cinqüenta ou mais homens com armas pesadas realizavam ataques de surpresa ao longo da divisa estadual. Quando a derradeira matança ocorreu, em meados da década de 1890, ambas as famílias haviam sido dizimadas.

Sabe por que gosto dessa ilustração para a quebra do sexto mandamento? Porque não se relaciona com nada do que já fiz ou pensei em fazer. Não preciso, absolutamente, sentir algum tipo de culpa. Na verdade, vivi a minha vida inteira sem nunca entrar num bosque à procura de alguém para detonar.

Bem... OK, talvez algo parecido tenha passado pela minha cabeça outro dia, quando fui ao supermercado. Nunca tinha visto um estacionamento tão lotado. Fui para cima e para baixo, para frente e para trás, procurando uma vaga. Finalmente, surgiu uma no fim da fila, e me dirigi para lá. Mas... o que você acha que aconteceu? Estava eu quase chegando quando apareceu um sujeito e ocupou o espaço! Ah! Por alguns segundos, imaginei-me pulando até o indivíduo como o Tarzan e agarrando-o pelo pescoço. Mas é lógico que não fiz isso. Assim, essa vez não conta, certo?

UM TIGRE POR DENTRO

Em casa temos uma gatinha mansa e dócil como nenhuma outra. Logo que você se senta, ela vem, roça os bigodes em você e depois fica ao seu lado com o "motorzinho" ligado. Se você já teve um felino amigável, sabe como isso é lindo.

Mas permita-me fazer uma pergunta: Qual é a diferença entre um gato e um tigre? Sabe a resposta certa? É o tamanho.

Não se engane. O seu gato ou o meu – sim, aquele dócil bichinho – tem o cérebro e todos os instintos de um tigre, bem como o mesmo sangue-frio. Se eu fosse menor e a gata maior, ela estaria interessada em mim pela mesma razão pela qual se encanta em observar os pardais que pousam no quintal de casa.

Quando Jesus falou acerca do sexto mandamento, disse: o seu tamanho não conta; se você tem a mente e o coração de um tigre, você é um tigre. Aqui estão literalmente as Suas palavras:

"Ouvistes que foi dito aos antigos: Não matarás... Eu, porém, vos digo que todo aquele que [sem motivo] se irar contra seu irmão estará sujeito a julgamento; e quem proferir um insulto a seu irmão estará sujeito a julgamento do tribunal; e quem lhe chamar: Tolo, estará sujeito ao inferno de fogo" (Mateus 5:21 e 22).

O que isso significa? Que quando alguém o provoca, se você não consegue controlar seus sentimentos e atos, então a única diferença entre você e as famílias Hatfield e McCoy é o seu tamanho. Porque, se você tivesse vivido onde e quando elas viveram, teria se comportado exatamente como elas.

A SOLUÇÃO PERFEITA

A maioria de nós, claro, conhece a solução perfeita para os problemas das relações humanas: se as pessoas fossem legais conosco, não teríamos problema nenhum em ser igualmente legais com elas. Mas Jesus disse: "Não fazem os gentios também o mesmo?" (verso 47). A verdadeira questão é: Você consegue ser bondoso com alguém que o magoou? Pode realmente amar alguém que o prejudicou?

Não é fácil. Na verdade, as pessoas acham que o ensino de Jesus sobre o sexto mandamento é um exemplo extremo, sem a intenção de que seja obedecido na prática, exceto talvez por algumas santas almas que vivem sozinhas no topo de montanha. Certa vez, ouvi uma discussão a esse respeito. Em sua maioria, as pessoas que se manifestaram disseram que o ensino de Jesus sobre o tema não poderia ser aplicado literalmente a pessoas que vivem no mundo real, como nós.

O ÚNICO CAMINHO

Discordo totalmente. Há pelo menos três importantes razões pelas quais a sabedoria de Jesus é bem mais do que apenas uma inconsistente fantasia. Ela é, na verdade, a única maneira prática e sensível de viver.

1. *É a única forma de romper a corrente da violência.* O plano de Jesus é melhor porque a única alternativa é o efeito dominó, uma interminável reação em cadeia no sentido de "dar o troco". "Olho por olho, dente por dente" é a receita para o desastre, porque a violência não pode ser curada com mais violência.[4] Foram necessários vinte anos para que as famílias Hatfield e McCoy entendessem isso. E parece que os israelenses e palestinos vão demorar mais ainda.

Perguntamo-nos por que outras pessoas são tão lentas para entender, mas esse princípio se aplica não só a inimizades entre famílias e a terroristas suicidas; também é verdadeiro quando se trata da "miniviolência", como palavras cortantes e ferinas que a maioria de nós usa de tempos em tempos. Alguém tem de tomar a decisão consciente de romper o círculo vicioso, engolir o orgulho e passar por alto a ofensa. E Jesus pede a Seus seguidores que sejam esse alguém.[5]

Um amigo meu, que é conselheiro matrimonial, diz que algumas das mais destrutivas disputas começam com trivialidades:
— Se você não fosse tão desorganizada, poderia me ajudar a encontrar minha chave.
— Não me diga que você a perdeu *de novo*!
E lá vão eles! Nenhum está disposto a romper a cadeia, e assim a situação entra rapidamente numa espiral fora de controle. O apóstolo Tiago tinha exatamente isso em mente quando escreveu: "Vede como uma fagulha põe em brasas tão grande selva!" (Tiago 3:5).

A agressividade passiva, como o silêncio, o virar as costas para alguém ou a demonstração de mau humor, não é menos nocivo do que gritar. Não importa que forma assuma, o comportamento descortês e maldoso só gerará mais reação do mesmo tipo.

2. *É a única forma de obter o controle.* Quando reagimos à maldade com raiva, ódio e desejo de vingança, entregamos o controle sobre nós para outra pessoa. Deixamos que ela aperte os botões e determine nossos sentimentos, atitudes e reações. Jesus deseja libertar-nos dessa tirania e devolver nossa autonomia junto com a paz mental.

Até tomarmos a difícil decisão de fazer isso na prática, estaremos apenas reagindo, e não agindo. Um comportamento reativo (em oposição ao ativo) nos coloca sob o domínio das pessoas cruéis e insensíveis que têm sido indelicadas conosco. O método de Jesus nos capacita a dizer à outra pessoa: "Você não pode me forçar a odiar. Recuso-me a permitir que você amargure minha vida. Não tenho a disposição de passar meus dias sendo consumido pela raiva."

Na maioria dos casos, o comportamento reativo é uma arma na luta pelo poder e o controle da outra pessoa. Ao ser mau com você, ou evitá-lo e não amá-lo, vou puni-lo por algo de que não gostei e forçá-lo a se comportar do jeito que eu quero.

Porém, o comportamento ativo ou positivo que estabelece limites nada tem a ver com ódio e vingança, e muito menos com dominação. É uma tentativa não de controlar, mas de estabelecer o autocontrole. E é uma declaração não de independência, mas de autonomia. Independência significa voltar as costas à outra pessoa, e pode ser um comportamento reativo. A autonomia reconhece o valor da interdependência. Não rejeita um relacionamento no qual possamos ajudar e voluntariamente servir um ao outro, mas exige respeito para com o direito dado por Deus de governarmos nossa própria vida.

Ser verdadeiramente positivos em nossas relações cristãs significa mais do que deixar de odiar. Requer que substituamos o ódio pelo amor. Disse Jesus:

"Amai os vossos inimigos,
fazei o bem aos que vos odeiam;
bendizei aos que vos maldizem,
orai pelos que vos caluniam"
(Lucas 6:27 e 28).[6]

Ao apresentar esse tema, o apóstolo Paulo o coloca em termos práticos:

"Se o teu inimigo tiver fome, dá-lhe de comer;
se tiver sede, dá-lhe de beber;
porque, fazendo isto, amontoarás brasas vivas
sobre a sua cabeça.
Não te deixes vencer do mal,
mas vence o mal com o bem"
(Romanos 12:20 e 21).

Amar realmente os nossos inimigos e fazer o bem aos que nos maltratam é a mais forte e nobre expressão de comportamento positivo. Isso nos coloca numa posição de poder, porque significa que nos recusamos a participar do jogo do inimigo e a descer ao seu nível. Em vez de sermos vencidos, nós vencemos.

3. *É a única forma de agirmos com responsabilidade.* Ao dizer que não devemos dar aos nossos inimigos a permissão de determinarem nosso comportamento e atitudes, Jesus nos lembra uma vez mais de nossa responsabilidade. Se retribuímos a raiva com raiva, maldade com malvadeza, a decisão de fazê-lo é nossa, porque temos o poder da escolha.

Gostamos de justificar o comportamento reativo culpando alguém. Parece que nos sentimos melhor se pudermos atribuir a culpa aos outros. "Estou agindo desta forma por causa do indivíduo na sala ao lado." "Fico chateada com facilidade porque sou igual à minha avó (foi dela que herdei este gênio terrível)." Ou seja o que for.

Um homem que conheço enredou-se num conflito familiar que estava arruinando muitas vidas. Tendo admirado esse homem como líder cristão, tive a curiosidade de saber como ele podia ter tropeçado. Quando lhe perguntei, ele disse: "Você precisa ver o que eles fizeram conosco." Desde que Adão culpou Eva (Gênesis 3:12), as pessoas vêm dando esse tipo de resposta.

Não escolhemos nossos pais nem a forma como eles nos criaram. E, na maioria dos casos, tampouco escolhemos os colegas. As circunstâncias da vida nos colocam junto com essas pessoas e precisamos conviver com elas. Ao indicar que somos responsáveis por nossas reações, Jesus deseja que paremos de tentar justificar nosso mau comportamento apontando para o de outra pessoa.

A PALAVRA QUE FAZ TODA A DIFERENÇA

A regra áurea traz consigo uma palavra muitas vezes passada por alto. É a palavra "pois", e ela faz toda a diferença. Por quê? Porque ela faz a conexão com o poderoso verso que ilumina a regra áurea e a faz funcionar realmente.

É claro que você se lembra da regra áurea. Ela diz: "Tudo quanto, pois, quereis que os homens vos façam, assim fazei-o vós também a eles" (Mateus 7:12).

A regra diz o que devemos fazer, mas as palavras que vêm antes da regra nos dizem por que: "Se vós, que sois maus, sabeis dar boas dádivas aos vossos filhos, quanto mais vosso Pai, que está nos Céus, dará boas coisas aos que Lhe pedirem?" (verso 11). "Tudo quanto, *pois*, quereis que os homens vos façam, assim fazei-o vós também a eles" (Mateus 7:12).

Por que deveríamos ser bons para as outras pessoas? Porque Deus é bom conosco. E por que o modo como os outros nos tratam não deve determinar o modo como nós os tratamos? Porque Deus derramou o Seu amor sobre nós (Romanos 5:5). "Assim como o Senhor vos perdoou", diz o apóstolo, "assim também perdoai vós" (Colossenses 3:13). Conseguimos realmente perdoar as pessoas que nos magoaram, enganaram e traíram? Sim, porque fomos muito perdoados. Como nos recusaríamos a perdoar alguém?[7]

Os cristãos por vezes usam a expressão "justificação pela fé". É exatamente sobre isso que estamos falando aqui. O significado dessa expressão um tanto complicada é, na verdade, bem simples. É que Deus, por intermédio de Jesus Cristo, abriu a porta para o nosso perdão, a fim de que sejamos perdoados mesmo sem merecer. Através desse dom maravilhoso, Deus também derrama sobre nós todas as Suas outras dádivas. Quando finalmente entendemos e aceitamos essa verdade, uma alegria imensa inunda nossa alma e temos "a paz de Deus, que excede todo o entendimento" (Filipenses 4:7).

Isso não é apenas uma boa teoria ou uma bela idéia. É algo totalmente real e que nos possibilita oferecer um perdão sincero às pessoas que nos feriram, ser bondosos sem um motivo egoísta e amar sinceramente sem uma agenda oculta.

Um dos livros mais vendidos no século 20 foi *Como Fazer Amigos e Influenciar Pessoas*, de Dale Carnegie.[8] Um manual de relações humanas com base em princípios de egoísmo e manipulação, a sua mensagem é: seja simpático para com as outras pessoas, elogie-as e faça com que se sintam bem, porque, se você fizer isso, elas lhe darão aquilo que você deseja e o ajudarão a ir em frente na vida. O melhor que podemos esperar de uma abordagem como essa é esconder ou disfarçar parcialmente nossas reações naturalmente egoístas, passando sobre elas uma fina camada do verniz da polidez. Mas é só esperar até que alguém realmente nos magoe, e então todas essas estratégias psicológicas explodirão diante do nosso rosto e voltaremos a ser tigres rapidamente.

O perdão genuíno só é possível quando temos plena consciência da profundidade do perdão que recebemos. Quando reconhecermos que somos pecadores perdoados, nossa insolente arrogância contra as pessoas que nos feriram desaparecerá. Começaremos a ver essas pessoas que nos magoaram como companheiras de jornada na vida, gente que, assim como nós, luta contra o poder de uma natureza má. Somente então a compaixão começará realmente a tomar o lugar do ódio, e o verdadeiro perdão começará a fluir. Não há outra maneira.

O VERDADEIRO AMOR É UM DOM DE DEUS

"O amor é paciente, é benigno;
o amor não arde em ciúmes,
não se ufana, não se ensoberbece,
não se conduz inconvenientemente,
não procura os seus interesses,
não se exaspera, não se ressente do mal;
não se alegra com a injustiça,
mas regozija-se com a verdade;
tudo sofre, tudo crê, tudo espera, tudo suporta"
(I Coríntios 13:4-7).

O verdadeiro amor é um dom divino. Vem somente do próprio Deus.

---

[1] Samuel Clemens, *The Adventures of Huckeberry Finn* (Nova York: Harper & Row, 1884), pág. 153.

[2] http://userwww.service.emory.edu/~dmcco01/McCoy/diversion.html.

[3] Clemens, pág. 144.

[4] "Olho por olho só acabará deixando o mundo inteiro cego" (Gandhi).

[5] "Eu, porém, vos digo: não resistais ao perverso; mas, a qualquer que te ferir na face direita, volta-lhe também a outra" (Mateus 5:39). "A resposta branda desvia o furor, mas a palavra dura suscita a ira" (Provérbios 15:1).

[6] Semelhante a Mateus 5:38-44.

[7] Efésios 4:32: "Antes, sede uns para com os outros benignos, compassivos, perdoando-vos uns aos outros, como também Deus, em Cristo, vos perdoou." Perdão significa parar de odiar, livrar-se da raiva e do desejo de vingança; não significa necessariamente que devemos continuar em relacionamento íntimo com a outra pessoa se isso nos colocar em perigo.

[8] Dale Carnegie, *Como Fazer Amigos e Influenciar Pessoas* (São Paulo: Companhia Editora Nacional, 1985).

A cola da alma

O Sétimo Mandamento
Não adulterarás. ÊXODO 20:14

NÃO SEI QUAL SERIA O RELÓGIO mais bonito do mundo na opinião dos especialistas, mas em minha mente não tenho dúvidas a esse respeito. Seria o relógio que sempre andou no bolso inferior esquerdo do colete do meu avô. Feito de ouro, tinha uma abertura com dobradiças na parte de trás e, de vez em quando, o vovô o abria para me deixar ver o pequeno mecanismo que se movia para trás e para a frente, para trás e para a frente, a cada avanço do ponteiro dos segundos. Outras rodinhas minúsculas moviam o suporte de diamante ao lado da mola-mestra à qual o vovô dava corda todas as noites antes de ir para a cama. O relógio tinha tanto que ver com o meu avô que parecia impossível imaginá-lo sem ele.

Certa vez, quando eu tinha seis anos de idade, nossa família passou um fim de semana com o vovô e a vovó. No domingo de manhã, acordei cedo. Mamãe e papai ainda dormiam, mas ouvi um suave murmúrio de vozes vindo da cozinha, de modo que saí e vi meus avós comendo mingau de aveia com molho quente de maçã e creme por cima. Depois de um abraço de bom-dia, colocaram uma tigela sobre a mesa para mim, e comi junto com eles. O colete do vovô estava desabotoado, mas a corrente do relógio estava visível, como sempre, saindo da presilha que a segurava e desaparecendo no bolso do colete.

Com os cotovelos sobre a mesa e o queixo nas mãos, olhei para o rosto do idoso homem e expressei uma idéia que havia acabado de brotar na minha mente:

– Vovô, posso ficar com o seu relógio quando você morrer?

Não me lembro se os olhos azuis dele piscaram naquele momento, como faziam com freqüência. Mas sua resposta ainda ecoa na minha memória.

– Sim – disse ele. – Quando eu morrer, o relógio será seu.

Um senso de reverência me dominou e fiquei indescritivelmente emocionado. Acho que nem sequer terminei o desjejum antes de sair de mansinho e contar a maravilhosa notícia para mamãe. Para meu espanto, ela ficou horrorizada.

– Você não pediu isso de verdade, pediu?

Encolhendo-me para trás, balancei a cabeça sem falar nada. A alegria daquele momento se evaporou instantaneamente. O tom de voz da minha mãe deixou claro que eu havia feito algo realmente terrível.

– Não vê que isso dá a entender que você está desejando que ele morra, para poder ficar com o relógio? – explicou ela.

Fiquei envergonhado e, naturalmente, nunca mais mencionei o relógio ao vovô. Mas ele não se esqueceu. Dois anos mais tarde, justamente antes de morrer, ele disse à minha mãe:

– Lembre-se, Zola, meu relógio vai ficar com o Loron.

Depois que ele se foi, mamãe me mostrou o relógio e então o guardou numa pequena caixa preta na prateleira superior do armário. Enquanto os anos passavam, ela me deixava tirá-lo de vez em quando para lustrá-lo e dar-lhe corda antes de pô-lo de volta no lugar. Era sempre uma alegria vê-lo e recordar o amor que representava, bem como as lindas lembranças do vovô.

Um dia, quando eu tinha 14 anos, em vez de guardar novamente o relógio, coloquei-o no bolso e disse à mamãe:

– Agora já tenho idade suficiente para cuidar dele.

Depois de um silêncio um tanto prolongado, ela respondeu:

– Não acho que seja uma boa idéia, mas você pode decidir.

Na manhã seguinte, o relógio do vovô foi balançando para a escola no bolso dianteiro da minha calça *jeans*. Durante a primeira metade da manhã, era impressionante a freqüência com que eu precisava olhar as horas. Nada se igualava ao fato de eu ser o único garoto na sala a ter um relógio de ouro. Notei que outros alunos olhavam na minha direção de tempos em tempos, e achei que talvez iriam se juntar em torno de mim na hora do recreio para admirar aquele notável relógio. Mas, como sempre, quando a sineta tocou, a classe inteira disparou na direção da porta e os meninos pegaram suas luvas de beisebol enquanto corriam.

Eu havia me esquecido de que, ao suspendermos o jogo na sexta-feira, seria a vez da nossa equipe participar. Demorou uns 35 segundos até que todos se colocassem nos seus lugares e gritassem: "OK, o jogo vai começar!"

Bonell Stevens deu o início. Depois Larry Fields deu uma bastonada que o colocou em segundo e depois disso foi a minha vez. Minha reputação como o rei das rebatidas ficou seriamente prejudicada quando mandei a bola para o campo de trás no primeiro arremesso. No momento em que Glenn Hansen a apanhou e jogou para seu irmão Calvin, que estava na primeira base, eu o havia ultrapassado e não estava longe da segunda. Dei um mergulho heróico, deslizando pelo resto do trajeto, e consegui tocar a base um décimo de segundo antes que a bola se encaixasse na luva de Dal Cornforth.

Puxa! Aquilo foi adrenalina pura! Todos gritavam ao mesmo tempo. Foi um dos momentos mais inesquecíveis da vida, especialmente para alguém com a minha fama. Coloquei-me de pé, três centímetros mais alto que antes, e comecei a sacudir a poeira. Nesse momento, minha mão encontrou algo duro, achatado e redondo no bolso direito da minha calça *jeans*. Ali estava o "objeto", mas por alguma razão parecia estranhamente deformado.

Ai, não! Não podia ser verdade! Mas era. Ainda estremeço ao recordar aquele momento terrível.

Entendi, então, que eu era o garoto absolutamente mais estúpido do mundo. Aos 14 anos, eu não sabia muito acerca do valor de um relógio de ouro de bolso, mas sabia o quanto amava meu avô, que o havia confiado a mim. E descobri que, no espaço de poucos segundos, você pode fazer algo que passará anos – quem sabe o resto da vida – lamentando.

É disso que trata o sétimo mandamento. É sobre quebrar algo frágil, precioso e muito, muito difícil – às vezes impossível – de consertar.

Algumas pessoas, naturalmente, discordariam. Pouco tempo atrás, uma atriz se exibia num programa popular de TV. Começou alegremente a citar nomes, enquanto regalava o auditório com detalhes do seu irrequieto estilo de vida. Antes de eu encontrar o controle remoto, ela deve ter mencionado pelo menos meia dúzia de pessoas famosas com quem alegava ter ido para a cama.

Para aqueles que partilham esse ponto de vista, este é um bravo mundo novo, e seus cidadãos dizem que ocorreu uma "revolução" e uma grande "liberação", abrindo as portas para uma liberdade e alegria sem limites.

Mas eles estão errados – e não porque alguém tenha inventado um decreto para estragar sua diversão. Estão errados porque o sétimo mandamento expressa uma lei fundamental da vida, um princípio gravado profundamente no nosso coração e na nossa mente. Baseia-se na maneira como somos programados, e não podemos romper isso sem violar algo profundo lá dentro.

Uma das mais famosas passagens na Bíblia nos ajuda a entender por que isso é assim. Digo "famosas" porque até pessoas que nunca abriram a Bíblia na vida já ouviram a respeito de Gênesis 2:22 e 23. Infelizmente, às vezes, a passagem é usada no contexto de uma piada. Mas, se deixarmos isso de lado por um momento e tratarmos o texto com o respeito que merece, descobriremos que ele tem um significado profundo. Diz:

"Então, o Senhor Deus fez cair pesado sono sobre o homem, e este adormeceu; tomou uma das suas costelas e fechou o lugar com carne. E a costela que o Senhor Deus tomara ao homem, transformou-a numa mulher e lha trouxe" (Gênesis 2:21 e 22).

As primeiras palavras de Adão, que ele pronunciou quando viu aquela linda criatura caminhando na sua direção, mostram que ele entendera o que havia acontecido. Com profunda emoção, Adão exclamou: *"Esta, afinal, é osso dos meus ossos e carne da minha carne"* (verso 23).

É claro que a alegria de Adão refletia o início de seu relacionamento sexual, porque o registro acrescenta imediatamente:

"Por isso [por esta razão; porque a mulher foi tomada do corpo do homem; porque ela é osso dos seus ossos e carne da sua carne], *deixa o homem pai e mãe e se une à sua mulher, tornando-se os dois uma só carne"* (verso 24). O fato de uma vez mais se tornarem uma só carne está relacionado com o fato de terem originalmente sido uma só carne. É desígnio de Deus que através da relação sexual a carne se una à carne e o espírito ao espírito.

Um termo bem conhecido na psicologia popular descreve o conceito ensinado em Gênesis 2:22-24: "identificação". "Identificar-se" com alguém envolve mais do que alimentar essa pessoa ou cuidar dela. Significa que, de algum modo misterioso, chegamos a partilhar sua identidade, como se de alguma forma fôssemos essa pessoa. Por meio da identificação, podemos ver o mundo através dos olhos dela, entender sua alegria e sua dor. Essa força poderosa está em ação quando choramos no fim de um filme triste. Nossas lágrimas fluem porque o ator fez com que nos identificássemos com a personagem na tela, de modo que a sua perda se tornasse a nossa.

Quando Adão viu aquela formosa criatura que se aproximava, teve um senso profundo de identificação lá no íntimo. Ela era parte dele, pois havia se originado de seu próprio corpo. Essa é a razão do incrível impacto que tal experiência produziu nele, levando-o a exclamar: "Esta, afinal, é osso dos meus ossos e carne da minha carne"! Então, o que seria mais maravilhoso e natural para Adão do que segurá-la nos braços, sentir o corpo dela junto ao seu e partilhar com ela o intenso prazer que, segundo o desígnio de Deus, devia acompanhar esse alegre encontro?

Deus planejou e criou a união sexual para que fosse um poderoso instrumento de identificação e união. Dizendo com outras palavras, o sexo é o "superbonder" da alma.

Isso não é meramente uma teoria agradável ou uma idéia carinhosa. A ciência descobriu uma química poderosa que o corpo libera durante o sexo. Esses elementos químicos intensificam a ligação do casal. Um hormônio chamado oxitocina atua diretamente no cérebro para fortalecer nossa relação e identificação, e seu fluxo aumenta durante a relação sexual. Isso significa que Deus planejou o aspecto físico do ato sexual como parte da intimidade total do coração e da mente, que é o casamento.

O apóstolo Paulo também fala da função unificadora do sexo e diz que ela opera inclusive quando podemos nem ter essa intenção. Isso quer dizer que, ao contrário do que alguns poderiam desejar ou crer, não é realmente possível fazer sexo e ir embora na crença de que nada aconteceu.

"Ou não sabeis que o homem que se une à prostituta forma um só corpo com ela?", pergunta Paulo. "Porque, como se diz, serão os dois uma só carne" (I Coríntios 6:16). Você pode sair da cama, vestir-se e ir embora, mas alguma coisa aconteceu. Ocorreu uma ligação e você está levando algo consigo. Você esteve tecendo uma teia que o enreda e que, de um jeito ou de outro, voltará para assombrá-lo.

Jesus também Se referiu à função vinculadora da intimidade física. "Não tendes lido que o Criador, desde o princípio, os fez homem e mulher e que disse: Por esta causa deixará o homem pai e mãe e se unirá a sua mulher, tornando-se os dois uma só carne? De modo que já não são mais dois, porém uma só carne. Portanto, o que Deus ajuntou não o separe o homem" (Mateus 19:4-6).

Assim como Paulo, Jesus está dizendo que o relacionamento sexual é uma agência divinamente designada para tornar forte e permanente a união de duas vidas. É o meio que o Céu usa para cimentar dois corações, e eles não poderão depois disso ser separados sem grave dano a ambos.

SEXO SEGURO

Uma das expressões usadas por aqueles que promovem a revolução sexual é "sexo seguro". O termo tem levado milhões de pessoas a crer que existe mesmo segurança num estilo de vida libertino. Refere-se à idéia de que os preservativos podem evitar doenças. Sem dúvida, eles ajudam nesse sentido; contudo, a proteção que oferecem reduz, mas não elimina o risco. Além do mais, esse mito repousa sobre a idéia de que a doença é a única conseqüência indesejável de tal comportamento. Porém, os resultados da quebra do sétimo mandamento são multifacetados e de longa duração.

Faz parte desse mesmo mito a idéia de que "você precisa testar um carro antes de comprá-lo". Parece lógico, não é? Morar juntos ou coabitar parece uma forma livre de riscos para verificar a compatibilidade. Deveria ser um excelente método de chegar a um casamento perfeito.

O estranho é que as estatísticas mostram que acontece o contrário: casais que começam o seu casamento dessa maneira têm quase o dobro de possibilidade de divorciar-se dentro de dez anos, em comparação com os que começam a vida em comum com o casamento.[1]

Além disso, um estudo recente descobriu que os casais que apenas coabitam têm um índice de agressão física três vezes mais elevado que os casais casados,[2] e o índice de violência grave é quase cinco vezes maior do que em casais casados.[3] Quanto mais ativos sexualmente os cônjuges forem antes do casamento, maior será a probabilidade de que eles se traiam depois de estabelecido o vínculo.[4] Não surpreende que as mulheres envolvidas em relacionamentos casuais[5] relatem um índice muito mais elevado de depressão e muito mais baixo de satisfação sexual do que as mulheres numa relação matrimonial.[6]

A atual explosão de doenças sexualmente transmissíveis (DSTs) desafia ainda mais o conceito do sexo seguro. Uma análise da literatura científica revela que os preservativos não evitam a transmissão do vírus HIV – que causa a Aids – entre 15 e 31% das vezes.[7] Portanto, não deveria nos surpreender que, apesar de ter aumentado o uso de preservativos nos últimos 25 anos, novos casos e novos tipos de DSTs hajam aumentado ainda mais.[8]

Nos anos 60, antes do início da "revolução sexual", as principais doenças transmitidas por contato sexual eram a sífilis e a gonorréia, e se acreditava que estivessem desaparecendo por causa do desenvolvimento de antibióticos. Hoje, a ciência médica descobriu mais de 20 tipos amplamente disseminados de DSTs, com média de mais de quinze milhões de novos casos por ano nos Estados Unidos. Dois terços de todas as DSTs ocorrem entre pessoas de 25 anos de idade ou menos.[9] A cada ano, três milhões de adolescentes contraem uma DST nos Estados Unidos. Em média, pelo menos um quarto dos adolescentes sexualmente ativos é infectado.[10]

A DST líder é o papilomavírus humano (HPV), com 5,5 milhões de novos casos relatados a cada ano.[11] Outro flagelo mortal é a *Chlamydia trachomatis*, que agride as trompas de Falópio e é a causa de infertilidade que mais cresce. A ciência médica ainda não tem cura para doenças virais como herpes e o vírus da imunodeficiência humana (HIV), que causa a Aids. Segundo os Centros de Prevenção e Controle de Doenças dos Estados Unidos, a Aids lidera como a causa da morte entre pessoas de 25 a 44 anos de idade.

A simples menção desses números dificilmente apresenta um quadro do que significa ter a vida devastada pelo HPV ou presenciar a morte de um ente querido com Aids. Posso garantir que essa é uma forma horrível de morrer.

O QUE DIZER DAS CRIANÇAS?

Um resultado ainda mais triste da revolução sexual tem sido o aumento quintuplicado no número de crianças que crescem em lares com a presença de apenas um dos pais. De acordo com o Centro Nacional de Estatísticas da Saúde dos Estados Unidos, os nascimentos fora do matrimônio naquele país representaram 33% de todos os nascimentos em 2002, comparados com 7% em 1960. Isso acontece a despeito de mais de 1,3 milhão de abortos realizados anualmente ali.

"Não há um único fator em que as crianças deste país não estejam em pior situação" por causa da mudança nos valores sexuais, segundo Patrick Fagan, da Heritage Foundation.[12] As crianças em lares dirigidos por apenas um dos pais têm maior probabilidade de sofrer abuso sexual, ser presas, repetir o ano escolar, parar de estudar ou ser expulsas, usar maconha, cocaína e cigarro, carregar armas, ter graves problemas emocionais e comportamentais, sofrer de problemas de saúde física, ser sexualmente ativas, tornar-se mães/pais solteiros, sofrer depressão ou cometer suicídio.

Esses são alguns resultados mais óbvios da "liberdade" e "liberação" que ocorre. É verdade que aconteceu uma mudança radical nos padrões morais de alguns elementos da sociedade, mas descrevê-la como "liberação" ou promovê-la como um avanço ou melhoramento é como gabar-se da liberdade para fumar. E o número anual de pessoas que morrem como resultado da revolução sexual excede em muito o número anual dos que morrem devido ao fumo.

OBTENDO O CONTROLE

Jesus disse que o adultério começa onde termina: no coração. "Ouvistes o que foi dito: Não adulterarás. Eu, porém, vos digo: qualquer que olhar para uma mulher com intenção impura, no coração, já adulterou com ela" (Mateus 5:27 e 28).

Ele reconheceu que o impulso sexual se origina na mente e que a mente é estimulada pelos sentidos – "olhar para uma mulher com intenção impura". O sexo mental – fantasias sexuais desenfreadas – pode parecer um prazeroso e inocente passatempo, mas não é. Olhar cenas que excitam o desejo sexual e ouvir ou ler histórias e descrições de sexo estimulam fortemente essas fantasias. É aí, portanto, que deve começar a batalha pelo autocontrole.

É comum falar acerca da contaminação do ambiente por indústrias pesadas. Mas existe outro tipo de poluição que é igualmente disseminado. É a contaminação do ambiente por pessoas que usam imagens sexualmente estimulantes em *outdoors*, na televisão, nos cinemas e impressas em toda a parte.

Hoje ocorre um debate público acerca da educação sexual. Um grupo diz que precisamos mostrar aos jovens que o único sexo seguro é a abstinência. "É só dizer não", defendem. Seus oponentes alegam que essa idéia simplesmente não funciona. Não importa quantas vezes você disser isso, eles vão fazê-lo de qualquer jeito.

Ambos os grupos têm razão. É claro que os jovens nunca serão capazes de "simplesmente dizer não" se isso for tudo o que lhes dissermos. Como conseguiriam, quando são bombardeados dia e noite com imagens altamente estimulantes e propaganda sexual na mídia? Precisamos explicar aos jovens – e, deixando a presunção de lado, vamos reconhecer que todos nós precisamos disso, não só os adolescentes – que o controle sexual começa onde Jesus disse: na nossa mente. Se, vez após vez, nos permitirmos ser levados até o limite e se o nosso plano de defesa for parar quando estivermos a ponto de cair, certamente fracassaremos.

É aqui que o poder de escolha entra em cena. Os anunciantes podem publicar quadros estimulantes, mas não podem nos forçar a continuar olhando ou a comprar seus produtos. Os compositores podem incluir palavras vulgares na sua música, mas não podem nos obrigar a ouvir ou prestar atenção à sua mensagem. Ninguém pode nos forçar, contra nossa vontade, a continuar olhando um vídeo ou um programa de TV obsceno uma vez que percebamos de que se trata, nem a continuar sendo amigos de pessoas que insistem em fazer pressão sobre nós com seus falsos valores e histórias sobre seus casos e conquistas.

Estávamos parados no topo de El Peñol, um gigantesco monólito de arenito que se ergue abruptamente 200 metros acima dos campos de Antioquia, na Colômbia. Com alguns amigos, arfando e ofegando, havíamos subido os 649 degraus até o topo.

Para nossa grande surpresa, não vimos nenhuma grade de proteção lá em cima, nenhuma barreira ou mesmo placas de advertência. O amistoso guarda nos contou que já estava naquele emprego fazia mais de vinte anos.

– Alguém já despencou aqui de cima? – perguntei.

– Sim – disse ele. – Uns trinta.

Chocado, perguntei: – E todas essas pessoas tiveram a intenção de se jogar ou foi por acidente?

– Não sei. Nunca pudemos fazer a pergunta. – Ele parecia divertir-se com essa resposta.

Depois de conversar com o homem por algum tempo, andamos por ali para observar o cenário. A área plana no topo compreende cerca de meio hectare. O curioso é que não há um precipício repentino na margem. Existe apenas um declive gradual. Na verdade, não parece tão perigoso.

Enquanto observava isso, fiquei pensando que seria interessante descobrir se alguma pessoa já teria chegado perto da beirada o suficiente para espiar lá para baixo. Podíamos enxergar quilômetros ao redor em todas as direções, mas seria mais excitante se pudéssemos olhar diretamente para baixo, não seria?

Hummm, OK. Acho que vou chegar um pouquinho mais perto da extremidade. Ei, isso é divertido. Mas ainda não vejo direito. Está bem, mamãe. Não se preocupe. Não penso mesmo em ir até o fim.

O topo do El Peñol não tem placas de advertência. Mas fico feliz porque Jesus nos deixou um claro aviso em Seu ensino acerca do sétimo mandamento. Não chegue nem mesmo perto da margem, disse Ele. Decida por si o que seus olhos verão, em que sua mente pensará. Não permita que anunciantes obscenos e roteiristas de cinema determinem o conteúdo do seu pensamento.

"Tudo o que é verdadeiro,
tudo o que é respeitável,
tudo o que é justo,

tudo o que é puro,
tudo o que é amável,
tudo o que é de boa fama,
se alguma virtude há
e se algum louvor existe,
seja isso o que ocupe o vosso pensamento"
(Filipenses 4:8).

É aqui que devemos traçar a linha na batalha pela pureza. Só poderemos vencer a batalha afastando-nos do mal, ocupando a mente com idéias positivas e enobrecedoras, fazendo de Deus a prioridade da nossa vida. "Tu, Senhor, conservarás em perfeita paz aquele cujo propósito é firme; porque ele confia em Ti" (Isaías 26:3).

COMPLETO NOVAMENTE

Numa sociedade perfeita, poderíamos encerrar este capítulo aqui mesmo, mas vivemos num mundo devastado pelo mal. Sem dúvida, algumas pessoas que lêem isto estão relembrando experiências que prefeririam esquecer.

Num dia terrível, um grupo de homens foi a Jesus arrastando uma mulher, que jogaram aos pés dEle como um trapo sujo.

– Mestre – disseram – esta mulher foi apanhada em flagrante adultério (João 8:4).

Depois de Jesus ter desmascarado aqueles hipócritas e eles terem saído, Ele disse à mulher: – Onde estão as pessoas que a acusavam?

Surpresa, ela abriu os olhos e olhou ao redor. Depois respondeu: – Não há ninguém, Senhor.

A pergunta de Jesus é para todos os que, assim como aquela mulher, já se acharam vencidos pelo pecado e ficaram cheios de remorso e desespero. Jesus disse: – Nem Eu tampouco te condeno; vai e não peques mais.

"Porquanto Deus enviou o Seu Filho ao mundo, não para que julgasse o mundo, mas para que o mundo fosse salvo por Ele" (João 3:17). "Agora, pois, já nenhuma condenação há para os que estão em Cristo Jesus" (Romanos 8:1).

– Acho que não é uma boa idéia – comentou minha mãe quando eu quis levar o relógio do vovô para a escola.

– Ei, já tenho 14 anos – respondi. – Sei o que estou fazendo. – E lá fui eu.

Quando o desastre aconteceu, parecia que eu havia quebrado a coisa mais preciosa no mundo e que nada podia doer tanto. Mas, de lá para cá, descobri que isso não era verdade. Há coisas que são infinitamente mais preciosas do que um relógio de ouro, e quebrá-las dói mais do que eu poderia ter imaginado.

Desde aquele dia, já conheci mais de trinta pessoas que despencaram pela borda do abismo com relação ao sétimo mandamento, e já vi o dano de longo alcance causado pelo que fizeram. Mas também testemunhei a cura, a esperança e a restauração, e sei que isso é possível.

O dano que causei naquele dia ao relógio do vovô teve conserto. Algumas semanas mais tarde, ele tiquetaqueava fielmente como sempre. Por falar nisso, eu ainda o tenho hoje.

Louvo a Deus pelo sétimo mandamento. Ele mostra que Deus nos ama e Se importa conosco o suficiente para nos avisar do terrível perigo. Também me sinto grato porque o perdão e a restauração se encontram livremente acessíveis a todos.

---

[1] Neil G. Bennett, Ann Klimas Blanc e David E. Bloom, "Commitment and the Modern Union: Assessing the Link Between Premarital Cohabitation and Subsequent Marital Stability", *American Sociological Review* 53 (1988): 127-138.

[2] Sonia Miner Salari e Bret M. Baldwin, "Verbal, Physical, and Injurious Aggression Among Intimate Couples Over Time", *Journal of Family Issues* 23 (2002): 523-550.

[3] Kersti Yllo e Murray A. Straus, "Interpersonal Violence Among Married and Cohabiting Couples", *Family Relations* 30: 343.

[4] Andrew M. Greeley, *Faithful Attraction: Discovering Intimacy, Love and Fidelity in American Marriage* (Nova York: Tom Doherty Associates, 1991).

[5] Christina Hoff Sommers, *Who Stole Feminism? How Women Have Betrayed Women* (Nova York: Simon & Schuster, 1994), pág. 251.

[6] Esses resultados se baseiam numa pesquisa entre 1.100 pessoas acerca de sua satisfação sexual, realizada pelo Conselho de Pesquisa Familiar e relatado em William R. Mattos Jr., "The Hottest Valentines: The Startling Secret of What Makes You a High-Voltage Lover", *Washington Post*, 13 de fevereiro de 1994. Entre as surpreendentes revelações da pesquisa estava a informação de que "mulheres estritamente monógamas experimentam o orgasmo durante o sexo com freqüência duas vezes maior que as mulheres promíscuas".

[7] Dra. Susan Weller, "A Meta-Analysis of Condom Effectiveness in Reducing Sexually Trans-

mitted HIV", *Social Science and Medicine* 36 (1993). Ver também Instituto Nacional de Doenças Alérgicas e Infecciosas, Instituto Nacional da Saúde, Departamento de Saúde e Serviços Humanos, "Summary of Scientific Evidence on Condom Effectiveness for Sexually Transmitted Disease (STD) Prevention", 20 de julho de 2001.

[8] Centros Para a Prevenção e o Controle de Doenças, "Tracking the Hidden Epidemics 2000: Trends in STDs in the United States", em http://www.cdc.gov/nchstp/od/news/RevBrochure1pdftoc.htm.

[9] Shepherd Smith e Joe S. McIlhaney, "Statement of Dissent on the Surgeon General's Call to Action to Promote Sexual Health and Responsible Sexual Behavior", editado pelo Instituto Médico de Saúde Sexual (Austin, Texas), 28 de julho de 2001; Associação Americana de Saúde Social (Triangle Park, NC), "STD Statistics", em http:// www.ashastd.org/stdfaqs/statistics.html.

[10] Alan Guttmacher Institute, *Sex and America's Teenagers* (Nova York: Alan Guttmacher Institute, 1994), págs. 19, 20.

[11] Sociedade Americana de Saúde Social, "STD Statistics".

[12] Ver Patrick F. Fagan et al., *The Positive Effects of Marriage* (Heritage Foundation, 2002).

Algo por nada

O Oitavo Mandamento
Não furtarás. **ÊXODO 20:15**

– TEM UM HOMEM NA JANELA!
Não me lembro de ter sido despertado tão abruptamente do sono como quando ouvi minha esposa dizer essas palavras. Estávamos na Cidade do México para um breve período de férias com nosso filho David. Naquela noite agradável de verão, tínhamos adormecido com a janela aberta em nosso quarto de hóspedes para desfrutar a brisa. Era uma janela no terceiro piso, que se abria para um pátio interno, de modo que nos havia parecido suficientemente seguro.

Por alguns longos segundos, fixei os olhos na vaga sombra na janela. À noite é difícil saber com precisão o que você está vendo. Então, o que era aquilo na realidade? Era talvez algo parecido, mas eu não conseguia pensar na possibilidade lógica de que fosse realmente um homem.

Então, no momento em que eu estava para tranqüilizar Ruth Ann, a sombra começou a se mover. Era mesmo um homem, e ele estava definitivamente entrando em nosso quarto.

Agora, antes de prosseguir, eu gostaria de parar e fazer uma pergunta: o que você acha que aquela pessoa queria?

Para você, a pergunta parece absurda? Não é difícil adivinhar que ele planejava levar alguns dos nossos pertences. Mas, ao fazer a pergunta, quero abrir um pouco mais a questão e quem sabe explorar o significado do roubo propriamente dito.

Naturalmente, o homem na nossa janela tem muitos colegas, os quais compartilham suas intenções e mentalidade. Porém, na maioria dos casos, eles não chegam nem perto de receber o desprezo votado a ele pela sociedade polida. Aqui está uma lista de alguns tipos mais comuns de furto:

1. Furto. O tipo tradicional de furto significa tirar alguma coisa sem o consentimento do proprietário, tomar emprestado e não devolver, apropriar-se de algo sem pagar. Isso é furto puro e simples. Esse é o primeiro tipo de roubo que nos vem à mente quando falamos em ladrão. Nosso visitante se encaixa nessa categoria.

2. Cópia ilegal. Significa fazer uma cópia que prive o autor, artista e editor de seus direitos autorais, quer envolva material impresso, digital ou em qualquer outro formato.

3. Plágio. É apresentar a obra ou as respostas de outra pessoa como se fossem suas próprias, a fim de obter nota ou outro benefício para si mesmo.[1]

4. Manipulação da informação. Trata-se de obter ganho ou vantagem pessoal mediante o mentir, exagerar ou dizer menos do que toda a verdade. Inclui fraude, trapaça, falcatrua ou qualquer espécie de engano que resulte em dano ou perda a outra pessoa, e também o uso de informação sigilosa para tirar vantagem de alguém.

5. Calúnia, difamação. Significa privar os outros de sua reputação (bom nome) e do amor, respeito e estima quem têm o direito de desfrutar. Inclui também tirar-lhes o emprego ou outras coisas por meio de acusações falsas e do desvirtuamento de seus motivos e conduta.

6. Relaxamento no emprego. Inclui agir como barata tonta, ser injustificavelmente preguiçoso no horário de expediente, fazer menos do que o seu melhor no trabalho, chegar tarde e sair cedo.

7. Desperdício. É esbanjar ou usar mal o tempo ou material que pertence a outra pessoa.

8. Negligência. Inclui a atitude descuidada e outras formas de comportamento irresponsável que resulte em perda para outra pessoa.

9. Superfaturamento. É especular e cobrar um valor excessivo por algo quando o comprador não tem outra escolha a não ser aceitar.

10. Pagamento insuficiente. Significa pagar menos do que o valor justo por algo, quando o vendedor está em desvantagem. Ou pode envolver menos do que o salário justo quando o empregado está desesperado em busca de emprego.[2]

11. Violência ou negligência para com crianças. Pais que não cuidam devidamente dos filhos estão furtando deles algo que é seu por direito. Isso pode ser feito por pais ausentes ou viciados em trabalho, bem como por pais que cometem agressão verbal, física ou sexual.

12. Infidelidade conjugal. Um cônjuge agressivo ou infiel, ou que abandone o lar, priva o companheiro fiel dos direitos outorgados pelos votos matrimoniais, incluindo satisfação sexual, apoio econômico, cooperação na criação e educação dos filhos. O adultério é um dos piores tipos de furto; é tirar algo a que não temos direito e que pertence exclusivamente a outra pessoa.[3]

13. Seqüestro, escravidão, encarceramento indevido (Deuteronômio 24:7). Ao contrário do que você possa crer, isso não é incomum hoje. Segundo estatísticas das Nações Unidas, pelo menos 600.000 a 800.000 pessoas, principalmente mulheres e crianças, são traficadas anualmente entre um país e outro no mundo todo, incluindo 14.500 a 17.500 pessoas levadas para dentro dos Estados Unidos.[4] Pode envolver aprisionamento indevido. Mesmo que apenas 1% dos prisioneiros nos Estados Unidos não sejam culpados, isso ainda representa mais de dez mil pessoas inocentes atrás das grades. Muitos especialistas crêem que a porcentagem real é mais alta, e em alguns países pode ser consideravelmente maior.

14. Retenção do dízimo. Isso priva alguém da oportunidade de ouvir o evangelho, de encontrar paz, esperança e uma vida melhor. A devolução fiel do dízimo torna possível alcançar outros com as novas do amor de Deus (Malaquias 3:8).

Você poderá pensar em outros tipos de furto.

Agora, vamos perguntar de novo: o que você acha que o homem que subiu à nossa janela na Cidade do México desejava?

Ele tinha em mente exatamente a mesma coisa que todas as outras pessoas dessa lista querem: queria alguma coisa que não conquistou, algo que não era seu e ao qual não tinha direito. O ladrão da nossa janela procurava obter *alguma coisa por nada.*

O COMPONENTE DO SUOR

A primeira regra bíblica contra o furto aparece em Gênesis 3:19. Declara: "No suor do rosto comerás o teu pão."

O apóstolo Paulo se expressa assim: "Aquele que furtava não furte mais; antes, trabalhe, fazendo com as próprias mãos o que é bom, para que tenha com que acudir ao necessitado" (Efésios 4:28).

Percebeu que essa prescrição bíblica sobre o furto tem duas partes? A primeira é a manutenção própria: "Aquele que furtava... trabalhe, fazendo com as próprias mãos o que é bom." Devemos merecer o que obtemos, adquiri-lo mediante a troca de valor por valor.

A Reforma do século 16 foi um poderoso movimento religioso e teológico, mas foi também uma convulsão social que sacudiu a sociedade européia em seus fundamentos. As mudanças que a Reforma produziu tocaram cada aspecto da vida humana e beneficiaram até as pessoas que se opunham às idéias religiosas apoiadas por ela.

A vitrine do pensamento da Reforma, o lugar onde ele foi mais de perto aplicado à vida diária, foi a cidade de Genebra, sob a administração de João Calvino. Pessoas pobres moravam em Genebra. À medida que a Reforma avançava e os fogos da Inquisição ardiam, Genebra chegou a ser inundada por refugiados, e a maioria chegava sem nada. Mas a cidade cuidou deles. Outros indivíduos eram idosos, enfermos ou solitários, e Genebra também tomou providências em seu favor. Líderes civis dividiram a cidade em seções e diáconos eram responsáveis por tomar conhecimento e cuidar das necessidades dos pobres. Além do auxílio direto, as pessoas podiam receber empréstimos isentos de juros e educação fundamental gratuita para seus filhos.

A pobreza não era condenada, mas a ociosidade era. Calvino deu ênfase à dignidade do labor. Considerando o trabalho árduo uma virtude, e a preguiça uma ofensa pública, ele não cria que pessoas indispostas a trabalhar tivessem o direito de aproveitar-se dos esforços dos que trabalhavam.[5] Calvino gostava de citar o Salmo 128:2: "Do trabalho das tuas mãos comerás, feliz serás, e tudo te irá bem." E Provérbios 10:4: "A mão dos diligentes vem a enriquecer-se."[6]

Quando o governo sob a liderança de Calvino aplicou esses princípios bíblicos, os resultados logo mostraram o seu valor. Dentro de poucos anos, Genebra passou a ser a cidade mais próspera da Europa. Era a cidade mais limpa e provavelmente a mais saudável também, porque os regulamentos da comunidade exigiam que os proprietários de residências e imóveis comerciais conservassem as instalações limpas e varressem e escovassem a rua na frente da sua propriedade. Não é de surpreender que, nesse ambiente, pouco se ouvisse acerca de furtos e crimes violentos.

Deus designou que o trabalho fosse uma bênção para aliviar o estresse e acrescentar anos à vida, boa saúde ao corpo e paz à mente.

"DESCULPE-ME, POR FAVOR"

Nunca soubemos qual era a filosofia do homem que entrou por nossa janela naquela noite na Cidade do México. Depois que lhe falei num tom de voz nada amistoso e David produziu um som que parecia o uivo do Rei Leão, ele fez uma pausa e disse muito cortesmente em inglês: "Desculpe-me, por favor." Então, cuidadosa e deliberadamente, deu marcha a ré e se retirou, subindo por um cano para alcançar o telhado e descer do outro lado.

Onde quer que eu conte essa história, as pessoas reagem espantadas: "O quê? Um ladrão mexicano, na Cidade do México, falando inglês?"

Mas isso talvez não devesse ser tão surpreendente. Os indivíduos que se envolvem nessa "profissão" geralmente não são tontos. Na verdade, muitos deles se consideram mais espertos do que os demais. Por que trabalhar por um salário mínimo no McDonald´s quando você pode ganhar mais dinheiro por menos esforço?

Essa é uma boa pergunta. Por falar nisso, vamos ampliá-la um pouco mais. Por que eu deveria gastar horas escrevendo uma monografia, quando leva uns cinco minutos para obter uma na internet? Que sentido faz pagar R$ 200,00 por um programa de computador, quando meu colega me oferece uma cópia gratuita? E por que não passar um pouco de tempo conversando numa sala com ar-condicionado ou então navegando pela internet no escritório? De qualquer maneira, não estão me pagando o que mereço. E o governo? Ora, ele arrecada bilhões, então por que não dar uma leve camuflada na minha declaração de renda? Sim, por que não? É isso o que as pessoas espertas fazem, não é? O homem que me contou que recebia o benefício da Previdência Social em dois estados se achava mais esperto do que as pessoas que precisam levantar cada manhã para estar no trabalho às oito horas.

O PIOR DIA

Thomas Jefferson tinha uma idéia diferente. Ele disse: "O pior dia na vida de um homem é o dia em que ele se senta e planeja como conseguir alguma coisa por nada." Jefferson não pensava nos danos que os larápios podem causar quando entram por nossa janela à noite, mas no efeito devastador que essa atitude mental tem sobre os que condescendem com ela. Essa é a razão essencial para a advertência dada no oitavo mandamento.

As pessoas "espertas" que tomam o atalho do caminho fácil estão fazendo uma terrível permuta. Estão negociando sua integridade pessoal, seus valores e sua auto-estima, e o que recebem em troca?

1. A desonestidade é destrutiva para o nosso senso de satisfação pessoal e respeito próprio. É possível ocultar de outras pessoas um ato desones-

to, mas não podemos nunca escondê-lo de nós mesmos. Podemos conseguir a nota ou alguma outra coisa que desejávamos, mas no processo descartamos a alegria saudável que provém de um senso de realização, a satisfação da conquista pessoal e de um trabalho bem executado.

2. A síndrome do "algo por nada" tem um efeito corruptor e degradante sobre o caráter. É um comportamento que vicia e pode gerar graves problemas de saúde mental. Os vícios do jogo e da cleptomania afetam milhões de pessoas, destruindo vidas e casamentos, e custando à sociedade bilhões de dólares. Os exageros no sexo e no trabalho estão intimamente relacionados e podem ser igualmente destrutivos e difíceis de vencer. Até as pessoas que praticam sua desonestidade de uma forma que a sociedade aprova ou passa por alto podem estar causando sérios danos a si mesmas e aos outros.

3. A mentalidade de "alguma coisa por nada" degrada nossas relações com outras pessoas. A desonestidade lança uma pessoa contra a outra, porque na realidade "não existe algo como um almoço grátis".[7] Alguém pagou por ele. Se eu o obtive à custa dessa pessoa, isso me lança contra ela. Além do mais, depois de um ato desonesto, é natural desumanizar e degradar as vítimas, numa tentativa de nos convencer de que elas mereciam o que lhes fizemos.

A síndrome do "algo por nada" transforma outras pessoas em objetos a serem manipulados para o nosso proveito. Podemos ocultar essa verdade sob uma ou mais camadas de etiqueta social, mas em última análise nosso lema é: "Eu primeiro." E a pergunta do dia se torna: Que vantagem há nisso para mim? Como pode essa pessoa servir aos meus interesses? Serei bonzinho com você, vou elogiá-lo e louvá-lo por aquilo que espero obter de você, mas só na medida em que você possa suprir meus desejos e defender meus interesses.

Por sinal, um grande número de pessoas entra para o casamento e decide divorciar-se precisamente com base nesses termos.

O COMPONENTE DO AMOR

Como já vimos, o primeiro elemento na prescrição bíblica acerca da desonestidade é a manutenção própria. A segunda é a generosidade. O texto diz: "Trabalhe, fazendo com as próprias mãos o que é bom, *para que tenha com que acudir ao necessitado*" (Efésios 4:28).

O oposto de furtar é dar. É entregar-se imparcialmente aos outros, servi-los com amor, nada esperando em troca.

A parábola de Jesus sobre o Bom Samaritano é uma ilustração perfeita deste princípio. Ladrões assaltaram um viajante e levaram tudo o que ele tinha. Acharam, inclusive, que haviam tirado sua vida quando o jogaram à beira da estrada (Lucas 10:30-36).

O que o Bom Samaritano fez foi exatamente o oposto. Enquanto os assaltantes tiraram, o Samaritano deu. Não se importou por estar exposto ao mesmo perigo. Nem ficou pensando na possibilidade de que, se as circunstâncias fossem o contrário, o viajante não o ajudaria. E muito menos esperava que o homem fosse de alguma forma reembolsá-lo por seus esforços. Apenas uma coisa movia aquele homem: a compaixão, que é outra forma de dizer amor. Por ter amado, ele deu.

Furtar não é a única expressão do egoísmo, mas é uma das mais cruas e diretas. Enquanto o furto retira, o amor dá. O amor é o antônimo de egoísmo, bem como o seu remédio. Embora o amor nem sempre cure o egoísmo da pessoa que está sendo amada, ele certamente cura aquele que ama.

Sem o componente do amor, o componente do suor (isto é, conquistar suas próprias coisas e pagar pelo que obtém) não é realmente uma cura completa para a síndrome do "algo por nada". Na verdade, pode até levar a pessoa a se comparar com os outros e a abrigar o orgulho e a cobiça. Ao esforço pessoal e à integridade, devemos acrescentar a compaixão, o amor imparcial que dá de si em serviço pelos outros. Como diz Paulo, devemos trabalhar e fazer com as próprias mãos o que é bom, para que possamos acudir o necessitado.

TENTANDO CONSEGUIR "ALGO POR NADA" DE DEUS

O tipo mais perigoso do "algo por nada" é o que tentamos levar para o nosso relacionamento com Deus. Devo admitir que aqui nos aventuramos em uma área traiçoeira, na qual é fácil ficarmos confusos, porque a Bíblia diz que a salvação é um "dom gratuito".[8] Na verdade, essa é a mensagem essencial do evangelho. Boas obras jamais obtiveram a salvação para alguém e nunca obterão.

O problema surge quando algumas pessoas entendem que as boas obras não são importantes. Ou que podemos ter uma religião do tipo lanchonete, observando os mandamentos dos quais gostamos e considerando os outros abolidos pela graça. Acaso podemos dizer que fomos salvos se continuamos a passar por alto o que Deus ordenou nos Dez Mandamentos ou em qualquer outra parte da Bíblia?

John MacArthur responde a essa pergunta de modo eloqüente: "O evangelho em voga hoje apresenta uma falsa esperança aos pecadores. Promete que podem ter a vida eterna e ainda assim continuar vivendo em rebelião contra Deus. Na realidade, encoraja as pessoas a declarar Jesus como Salvador, mas adiar o compromisso de obedecer-Lhe como Senhor. Promete salvação do inferno, mas não necessariamente libertação da iniqüidade. Oferece falsa segurança às pessoas que se deleitam nos pecados da carne e desdenham o caminho da santidade. Ao separar a fé da fidelidade, esse evangelho ensina que a aquiescência intelectual é tão válida quanto uma obediência sincera à verdade."[9]

Dietrich Bonhoeffer chamou isso de "graça barata". Não muito tempo antes de sua morte pela Gestapo, ele escreveu: "Graça barata é pregar o perdão sem exigir arrependimento, batismo sem disciplina, comunhão sem confissão. ... Graça barata é graça sem discipulado, graça sem a cruz, graça sem Jesus Cristo, vivo e encarnado."[10]

A graça é o coração do evangelho. Significa que podemos ir a Jesus assim como estamos, sem esperar até sermos suficientemente bons. Não precisamos entrar pela porta dos fundos, mesmo quando nosso cartão esteja todo marcado com o registro de nossos fracassos e erros. Por incrível que pareça, o evangelho nos diz que podemos achegar-nos a Deus "confiadamente" (Hebreus 4:16).

Mas essa graça espantosa significa que podemos simplesmente continuar pecando de maneira ousada? O apóstolo Paulo sabia que era isso que algumas pessoas pensavam. Por isso, perguntou-lhes: "Que diremos, pois? Permaneceremos no pecado, para que seja a graça mais abundante?" (Romanos 6:1).

A mais eloqüente resposta que já ouvi para essa pergunta vem de um homem que nada tem de eloqüente. Berkley Jones era um criminoso amargo e perigoso, considerado incorrigível pelas autoridades da penitenciária estadual de Oregon. Mas num dia glorioso Jesus encontrou lugar no coração dele e, quando isso aconteceu, tudo mudou.[11] Não muito tempo depois, Berkley escreveu que alguém perguntara se ele já havia sentido o desejo de voltar à vida que levava antes de conhecer a Jesus. Essa pergunta lhe pareceu totalmente absurda. Ele a comparou a um homem que está sendo resgatado de uma fossa sanitária e depois quer saltar de volta para dentro dela, sabendo muito bem que lá dentro só há podridão e morte.

Por que iria alguém preferir um esgoto quando Jesus oferece saúde e cura para a alma? A resposta para a "graça barata", declarou Bonhoeffer, é "Jesus Cristo, vivo e encarnado".

Este é um bom lugar para relembrar uma promessa que fiz no capítulo de abertura. Prometi nunca pedir que você aceitasse cegamente qualquer coisa que eu dissesse acerca deste assunto extremamente importante; ao contrário, iria dar-lhe ampla oportunidade de verificar e provar por si mesmo a validade dos princípios expostos. E essa verificação está na aplicação. Espero que você já tenha começado a testar esses princípios na sua vida, fazendo deles uma parte do seu universo. Se já o fez, sabe do que estou falando, porque os resultados são imediatos e profundamente satisfatórios.

---

[1] Pesquisa feita pelo Centro de Integridade Acadêmica confirma que a "cola" é um problema amplamente disseminado e crescente em muitos colégios: http://www.academicintegrity.org.

[2] Tiago 5:4: "Eis que o salário dos trabalhadores que ceifaram os vossos campos e que por vós foi retido com fraude está clamando; e os clamores dos ceifeiros penetraram até aos ouvidos do Senhor dos Exércitos."

[3] José declarou este princípio em sua resposta à esposa de Potifar (Gênesis 39:7-9).

[4] http://www.state.gov/g/tip.

[5] "Porque, quando ainda convosco, vos ordenamos isto: se alguém não quer trabalhar, também não coma" (II Tessalonicenses 3:10).

[6] Ver William McCornish, "Calvin and the Poor", em http://www.warc.ch/24gc/cts/cts11.pdf.

[7] Um dito popularizado pelo escritor de ficção científica Robert A. Heinlein.

[8] Romanos 6:23: "Porque o salário do pecado é a morte, mas o dom gratuito de Deus é a vida eterna em Cristo Jesus, nosso Senhor."

[9] John MacArthur, *The Gospel According to Jesus* (Grand Rapids: Zondervan, 1994), págs. 201, 202.

[10] Dietrich Bonhoeffer, *The Cost of Discipleship* (Nova York: Macmillan, 1963), págs. 42-44.

[11] História contada por Rose Slaybaugh em *Escape From Death* (Nashville: Southern Publishing Association, 1953), págs. 113-143.

Aposta na verdade

O Nono Mandamento
Não dirás falso testemunho contra o teu próximo. **ÊXODO 20:16**

UM DIA, por volta de 1870, o gerente de uma grande ferrovia no Leste dos Estados Unidos teve a surpresa de receber a visita de um dos seus concorrentes.

Sem perder tempo com formalidades, o homem descreveu um esquema através do qual as duas empresas teriam condições de enganar um competidor de ambas e colocá-lo fora do mercado. O resultado significaria milhões de dólares em receita para as duas empresas.

De imediato, o gerente se afastou da sua escrivaninha e disse:

– Senhor, não é desse jeito que fazemos negócios aqui. Além disso, tenho certeza de que o Sr. Vanderbilt [o proprietário] não aprovaria.

– Não vejo por que incomodar o idoso cavalheiro com isso – continuou o homem. – E... não sei se lhe disse... temos uma ordem de pagamento de dez mil dólares em seu nome, se achar conveniente usá-la.

– Lamento – disse o gerente, de modo firme. – Isso está fora de questão.

– Hummmm, eu falei dez mil? Falei errado. Na verdade, a ordem é o dobro dessa quantia.

Diante disso, o executivo se afastou ainda mais da mesa e fixou os olhos no visitante, que, interpretando mal o motivo da reação, acrescentou apressado: – Mas podemos dar um jeito de subir para trinta mil dólares.

Colocando-se de pé num salto, o gerente rugiu: – Saia do meu escritório! Saia já, seu patife, antes que eu mande expulsá-lo!

Depois de o visitante ter-se retirado, o secretário, que tinha ouvido a conversa, entrou. Encontrou o patrão sentado à escrivaninha, enxugando a testa.

– Senhor – disse ele – nem sei dizer quanto o admiro por...

– Não diga nada – respondeu o chefe, erguendo a mão. – A verdade é que eu precisava mandar esse homem embora depressa. Ele estava chegando perto do meu preço.

O que você acha? É verdade, como parece ficar implícito nessa história, que cada um tem o seu preço? Talvez eu devesse expressar-me de outra maneira: quanto vale a *sua* honestidade? Você se venderia por trinta mil dólares?

Bem, sejamos honestos (não é disso que estamos tratando?): dependendo das circunstâncias, muita gente se venderia por menos.

MAS TODOS FAZEM...

Que tal contar uma mentira...

... para evitar constrangimento? "Lamento muito, D. Helena. Não pudemos terminar seu trabalho ontem à noite porque nossa máquina estragou." (Na verdade, a gente se esqueceu completamente.)

... para evitar ferir os sentimentos de alguém? "Muito obrigada por ter mandado aqueles bolinhos. Estavam uma delícia!" (Demos uma mordida e jogamos o resto fora.)

... para economizar dinheiro? "Não, não, Sr. Inspetor da Alfândega; não compramos nada em nossa viagem ao exterior." (Só umas bandejas de prata. Estão aqui embaixo das toalhas.)

... para tirar uma nota melhor? "Eu tinha acabado de digitar meu trabalho, Prof. Silas, mas acabou a energia elétrica antes que eu pudesse salvá-lo no computador." (Versão moderna do "Meu cachorro rasgou tudo".)

Ei, espere aí! Estávamos falando de mentiras que acabariam com uma companhia de estrada de ferro. Não é a mesma coisa que umas inverdades comuns e corriqueiras. Estas são pequeninas prevaricações de todo dia. Nada de maior importância, certo?

De fato, o sacerdote anglicano Joseph Fletcher quis levar a questão ainda mais adiante. Formulou um sistema ético que legitimaria a maior parte das mentiras "convencionais". Em seu famoso livro sobre ética situacional,[1] Fletcher ensinou que a ação "correta" num determinado caso depende da situação. Pode-se justificar até uma mentira colossal, alegava ele, se o motivo for correto.

É fácil entender por que esse jeito de pensar tem influenciado milhões de pessoas. Prolongamentos populares das idéias de Fletcher tornaram a mentira mais do que socialmente aceitável; muita gente a considera até essencial.[2]

O PROBLEMA COM A MENTIRA

Não é difícil descobrir que a Bíblia discorda frontalmente dessa ética escorregadia. O rei Salomão diz que os "lábios mentirosos são abomináveis ao Senhor" (Provérbios 12:22). Uma "abominação" é algo odioso e revoltante.

O apóstolo Paulo não é menos enfático. Coloca os mentirosos na mesma lista com "parricidas e matricidas", "impuros" e "raptores" (I Timóteo 1:9 e 10). Considera-os "transgressores e rebeldes" (verso 9). O livro do Apocalipse une-se ao coro, advertindo-nos solenemente de que "o que pratica abominação e mentira" não terá parte na eternidade de Deus (Apocalipse 21:27). Poderíamos acrescentar dezenas de outras passagens ao longo da Bíblia que fazem eco ao mesmo ponto de vista radical.

O que há de tão ruim com uma mentirinha de vez em quando? Por que a Bíblia insiste tanto em que se diga a verdade?

Considere o seguinte:

1. *A mentira destrói a liberdade e a dignidade das nossas vítimas* porque é sempre manipuladora. Mentindo para alguém, retiramos a sua capacidade de escolher racionalmente, de tomar uma decisão e de formar uma opinião com base em informações exatas. Isso significa que estamos tratando as pessoas com desprezo, como objetos a serem trapaceados e enganados para nossos próprios fins egoístas.

2. *A mentira danifica a liberdade das pessoas que se envolvem com ela*, porque rapidamente se enredam na teia de seu próprio engano e manipulação. Abraão Lincoln disse: "Nenhum homem tem memória suficientemente boa para torná-lo um mentiroso bem-sucedido." Aqueles que dizem a verdade não precisam policiar-se para evitar os buracos que cavaram para si mesmos. Porém, os mentirosos continuam cavando mais fundo ao mentir cada vez mais, na tentativa de cobrir as falsidades anteriores.

3. *A mentira destrói a confiança*. Às vezes, é possível enganar as pessoas, mas geralmente não por muito tempo. A desconfiança e a suspeita aumentam exponencialmente quando se descobre uma mentira. Ninguém confia num mentiroso. E ninguém é mais desconfiado que um

mentiroso. As pessoas que mentem com naturalidade não confiam nos outros. Supõem que sejam como elas mesmas.

4. *A mentira prejudica o senso de valor próprio do mentiroso.* Mesmo que seja possível enganar outras pessoas por algum tempo, é muito mais difícil lograr a nós mesmos. Posso trapacear com alguém, mas causo um grave dano a mim mesmo porque sei que sou falso e hipócrita.

5. *A mentira destrói nossa relação com Deus.* Essa pode ser a menor preocupação de alguém que se esforça para sair de uma enrascada. Mas, no fim, é o efeito mais devastador de todos. Vamos considerar um pouco mais esse aspecto.

O DEUS VERDADEIRO

– O povo pode me perguntar: "Qual é o Seu nome?" – afirmou Moisés. – Que lhes direi? (Êxodo 3:13).

– *Ehyeh asher Ehyeh* – disse a voz no meio da sarça ardente. "Eu Sou o Que Sou." "Assim dirás aos filhos de Israel: Eu Sou me enviou a vós outros" (verso 14).

Com isso, Deus Se identificou por Sua característica mais fundamental: Ele é Aquele que é.

O apóstolo João nos diz que, "no princípio", o Verbo que era Deus já estava presente (João 1:1). O texto não diz no princípio de que, porque isso não importa. Nem explica quando ocorreu esse princípio; isso também não interessa. Tudo teve um início, mas Deus não. Quando tudo começou, Deus já estava lá. Ele é todo-suficiente, imutável e sempre presente.

Por muitos séculos, o rochedo de Gibraltar (420 metros de altura) tem sido símbolo de tudo o que é sólido e confiável. Eu cresci à sombra do pico Pikes, uma montanha de granito sólido, chegando a 4.230 metros na direção do céu. Mas até mesmo essas poderosas metáforas desaparecem na insignificância quando as comparamos ao caráter de Deus.

A palavra hebraica mais freqüentemente traduzida como "verdade" é *emeth*. Na linguagem cotidiana, a "verdade" se refere aos fatos. "Vou lhe contar a verdade" significa: "Vou lhe contar os fatos como os conheço." Mas a idéia bíblica de *emeth* não é meramente a percepção que alguém tem das coisas; é a natureza intrínseca das coisas como são. Não é apenas algo que contamos, mas sim o que é.

O Salmo 31:5 refere-se ao Deus da *emeth*, o Deus da verdade (ver também Jeremias 10:10). Isso não quer dizer simplesmente que Deus diz a verdade. Ele é a verdade, a própria realidade. Toda e qualquer outra realidade se deriva dEle e é emprestada dEle.

O diabo, disse Jesus, "jamais se firmou na verdade, porque nele não há verdade. Quando ele profere mentira, fala do que lhe é próprio, porque é mentiroso e pai da mentira" (João 8:44). A mentira e a falsidade são antíteses de Deus. São anti-Deus. Quando condescendemos com a mentira, nós apagamos Deus do nosso horizonte. E, se persistimos nesse hábito, rasgamos a Sua imagem dentro da nossa alma.

A HORA DA GRANDE MENTIRA

Jesus nos adverte de que está chegando a hora em que milhões de pessoas serão esmagadas pelo mais poderoso e sofisticado engano de todos os tempos. Líderes religiosos altamente convincentes operarão "grandes sinais e prodígios para enganar, se possível, os próprios eleitos" (Mateus 24:24; ver também II João 7). Esse movimento é chamado de "anticristo", porque a missão de Jesus desde o início foi dizer a verdade acerca de Deus (João 18:37).

O apóstolo Paulo também fala desse poderoso engano do tempo do fim. Observe especialmente os versos nos quais ele revela a razão pela qual tantas pessoas serão enganadas. O anticristo, "o homem da iniquidade" (II Tessalonicenses 2:3), virá "com todo poder, e sinais, e prodígios da mentira, e com todo engano de injustiça aos que perecem, porque não acolheram o amor da verdade para serem salvos" (versos 9 e 10).

Então, por que milhões de pessoas serão vencidas pelo último grande engano? Porque não *amam* a verdade.

Quando estudamos o sexto mandamento, aprendemos que "não matarás" exige que amemos ativamente nossos inimigos. Agora aqui, no nono mandamento, descobrimos que "não mentirás" exige de nós o amor à verdade.

Você consegue imaginar o que isso significa? O que fazem as pessoas que *amam* a verdade?

Se amamos a verdade, nós a buscaremos. Para nós, será importante descobri-la. Separaremos tempo e faremos o esforço necessário (João 5:39). O estudo diário da Bíblia e a oração pedindo entendimento farão parte normal da nossa vida (Atos 17:11). Como o salmista, oraremos: "Guia-me na Tua verdade e ensina-me" (Salmo 25:5).

Jesus é a verdade (João 14:6). Sua vida toda foi uma revelação da verdade acerca de Deus (João 18:36 e 37). Assim, se amamos a verdade, estudaremos o significado de Suas palavras e ações.

Se amamos a verdade, nós a valorizaremos. Jesus contou a história de um homem que estava arando e notou que o arado bateu de repente em alguma coisa dura. Era uma caixa antiga, cheia de tesouros. O homem vendeu imediatamente tudo o que possuía e comprou o campo. Jesus disse que o homem fez isso "transbordante de alegria" (Mateus 13:44). Por que a alegria? A resposta é óbvia, não é? Ele estava feliz porque reconheceu o valor daquilo que tinha encontrado. O homem sabia que o tesouro valia muito mais do que qualquer coisa que já houvesse possuído.

O "campo" na história de Jesus representa a Bíblia, a Palavra de Deus. O tesouro é a verdade que ela contém. Se realmente amamos a verdade, experimentaremos essa mesma alegria ao estudar a Escritura e descobrir a beleza dos seus ensinos (I Coríntios 13:6). Para nós, a Bíblia será mais preciosa que ouro ou prata (Jó 28:15; Provérbios 16:16), mais preciosa do que a própria vida. Nas palavras do grande hino da Reforma:

Sim, que a Palavra vencerá
Sabemos com certeza;
E nada nos assustará,
Com Cristo por defesa.[3]

Milhares de pessoas provaram naquele tempo a sinceridade dessas palavras enquanto ardiam os fogos da perseguição religiosa.

Se amamos a verdade, ela transformará nossa vida. A Bíblia deixa claro que nada será realmente verdade para nós a menos que faça diferença na maneira como vivemos e nos comportamos (Gálatas 5:7; Romanos 2:8).

Finalmente, *se amamos a verdade, ficaremos ansiosos por transmiti-la.* Uma vez tendo visto a beleza da verdade e experimentado seu poder (I Pedro 1:22), ficaremos entusiasmados com ela e nos parecerá natural partilhá-la com outros.

Jesus disse que essa era a missão de Sua vida. Ele veio como testemunha da verdade (João 18:37). Quando partiu, encarregou todos os Seus seguidores de serem testemunhas em nome dEle, para levar avante a mesma tarefa (Atos 1:8).

O POVO QUE NÃO MENTE

A profecia acerca do tempo do fim tem uma nota de grande encorajamento para nós. Diz que nem todos serão vencidos pela grande mentira. João, o revelador, viu em visão um grupo de pessoas vivendo nos últimos dias e seguindo o "Cordeiro por onde quer que vá" (Apocalipse 14:4). Essas pessoas seguem a Jesus, que é a verdade, e esse seguir significa obediência sem reservas.

A profecia então acrescenta que "não se achou mentira na sua boca" (verso 5). Se não se achou mentira na sua boca, significa que a verdade ocupava o seu lugar. Essas pessoas valorizam a verdade suficientemente para buscá-la, e a descobrem. Tendo encontrado a verdade, desejam partilhá-la, porque a profecia diz que ela está "na sua boca". Querem falar a respeito dela. Aquilo que encontraram mudou sua vida, e agora não estão dispostas a conservá-la de modo egoísta para si mesmas. Como resultado, tornam-se destemidas testemunhas de Deus e da verdade, em meio ao engano.

A essa altura, a história terá completado o círculo. Os seguidores do Cordeiro serão dignos sucessores dos cristãos primitivos, que tiveram de enfrentar fortes pressões da correção política e do pensamento coletivo da época. Quando os líderes ordenaram que os apóstolos fossem açoitados, diz o relato, "eles se retiraram ... regozijando-se por terem sido considerados dignos de sofrer afrontas por esse Nome. E todos os dias, no templo e de casa em casa, não cessavam de ensinar e de pregar Jesus, o Cristo" (Atos 5:41 e 42).

Os cristãos primitivos, assim como as pessoas que seguem o Cordeiro nos últimos dias, entenderam o sentido do nono mandamento. Para eles, não dizer falso testemunho significa dar um testemunho destemido da verdade. E dessa maneira foram dignos seguidores de Jesus, que disse: "Eu sou o caminho, e a verdade, e a vida" (João 14:6).

---

[1] Joseph Fletcher, *Situation Ethics* (Londres: SMC, 1966).

[2] Não se pretende que esta seja uma declaração abrangente das idéias de Fletcher. É bastante comum nos estudos de ética apresentar exemplos de situações em que se pode justificar uma mentira, como, por exemplo, para salvar alguém das câmaras de gás dos nazistas. O problema é que um número muito grande de pessoas extrapola essas situações extremas para tornar a mentira aceitável sempre que nos encontramos numa circunstância desconfortável ou embaraçosa.

[3] Martinho Lutero, "Castelo Forte".

Afeto desordenado

O Décimo Mandamento
Não cobiçarás a casa do teu próximo. Não cobiçarás a mulher do teu próximo, nem o seu servo, nem a sua serva, nem o seu boi, nem o seu jumento, nem coisa alguma que pertença ao teu próximo. **ÊXODO 20:17**

EU DEVIA TER UNS 14 ANOS quando aconteceu. Um dia eu estava cuidando dos meus interesses, como sempre, quando uma linda garota passou por mim. O que mais me impressionou nesse incidente não foi o seu sorriso encantador nem o andar gracioso, mas o fato de que ela carregava na mão um rádio portátil, do qual saía a melodia rodopiante de uma valsa de Strauss.

Diga o que é amor à primeira vista! A partir daquele momento, eu me convenci definitivamente de que a felicidade e a realização na vida consistiam em possuir um rádio portátil.

Bom, naquele tempo, esses aparelhos não eram importados da China e vendidos por 1,99 na lojinha do bairro. Além do mais, a frágil condição das minhas economias deixava claro que a aquisição de um deles não iria ocorrer de um dia para outro; mas, com toda certeza, aconteceria. Daquele momento em diante, todos os meus trabalhos avulsos e presentes de Natal e aniversário eram canalizados para o fundo pró-rádio. Por fim, num dia supremamente feliz, contei 43 dólares e fui ao centro para comprar *o* rádio.

Ninguém estava em casa quando voltei, e fui para o meu quarto a fim de fazer a lição de casa. Não *só* para fazer a lição de casa, lógico. Enquanto me envolvia com a álgebra, o fundo musical de "Don´t Let the Stars Get in Your Eyes" criou um ambiente dos sonhos. Ah, que felicidade! O que seria melhor do que isso?

Não demorou para que eu precisasse de um copo d'água e fui à cozinha. E o rádio? Era portátil! Você não achou que ele ia ficar para trás, no quarto, achou?

A música do vagalume tocava no rádio junto à minha orelha. Meus olhos estavam semicerrados e meus pés se moviam de acordo com o ritmo; isto é, se moveram até o instante em que meu pé esquerdo tropeçou na perna da mesa. Em um instante eu estava pulando e saltitando, no momento seguinte estava dando um mergulho de nariz rumo ao chão. Minhas mãos se estenderam instintivamente para diante. Conseguiram evitar que meu rosto batesse no tampo do balcão, mas o rádio... Ai, o rádio! Ele descreveu um arco parabólico enquanto voava e se desintegrava no chão. Fim da música.

Meu pai foi gentil quando voltou para casa mais tarde e soube do que havia acontecido, mas assim mesmo não resistiu e disse: "Acabou sendo um rádio bem caro, não foi mesmo, filho?" Foi.

Bem que eu gostaria de dizer que aprendi uma lição profunda naquele momento e que nunca mais me esqueci dela. Infelizmente, não foi o caso. Mas a mensagem foi clara (e teria sido mesmo que o rádio não houvesse se rebentado naquele dia): *a felicidade que se origina em coisas costuma ser passageira.*

Jesus disse isso de maneira bem melhor: "Tende cuidado e guardai-vos de toda e qualquer avareza; porque a vida de um homem não consiste na abundância dos bens que ele possui" (Lucas 12:15).

QUANDO A NOVIDADE PASSA

Mamãe costumava dizer: "Espere até que o 'novo' se gaste." Se o rádio não houvesse se quebrado naquele dia, o "novo" (a novidade e a emoção de ser proprietário) teria passado de qualquer jeito. Talvez não no primeiro dia, nem no segundo, mas ainda assim teria acontecido. Essa é uma lei da vida. As pessoas que extraem de coisas a felicidade precisam sempre passar de uma coisa para outra, enquanto perseguem a última moda ou novidade. E a seguinte tem de ser maior, mais brilhante, mais rápida, mais atual, porque o "novo" realmente nunca perdura.

— Você não está mais com a Diana? — perguntei ao Gerson quando o vi alguns meses atrás. Ele me havia contado a respeito dessa garota maravilhosa que entrara na sua vida e no seu apartamento.

— Que nada! — disse ele. — Ela era carinhosa, uma pessoa realmente legal, mas não mexia mais comigo, então eu disse que estava tudo acabado.

— E como foi que a Diana reagiu?

— Ah, para ela foi difícil. Ela chorou um bocado e disse que havia me dado o melhor de si mesma, e não sabia o que fazer agora. Mas eu lhe disse: "Escute aqui. Eu não consigo fingir algo que não estou sentindo. Simplesmente não é mais como era. Então supere isso." Parece que Gerson foi incapaz de ver quão egoísta havia sido o seu comportamento.

O décimo mandamento trata do culto às coisas e, para Gerson e para todos os que pensam como ele, as pessoas também são "coisas". Eles as usam para seu prazer e conveniência; porém, assim que a novidade passa ou a outra pessoa não mais serve aos seus propósitos, estão prontos para ir adiante.

O apóstolo Paulo diz que a avareza é idolatria (Colossenses 3:5). Tanto a avareza quanto a idolatria têm que ver com o culto a coisas. Mas há uma diferença: o segundo mandamento (aquele que fala da idolatria) nos adverte a não tornar as coisas mais importantes do que Deus, enquanto o décimo diz que não devemos torná-las também mais importantes do que as pessoas. Esse mandamento proíbe colocar nossos desejos egoístas acima dos direitos alheios ou valorizar pessoas e coisas em termos do benefício que podemos extrair delas.

O SUPER-HOMEM

O Super-Homem tem sido uma figura popular desde que apareceu pela primeira vez, na década de 1930. E por que não? Mais rápido que um tiro de revólver, ele salta por sobre arranha-céus num único movimento. Além disso, nunca se engana, nunca erra o alvo e nunca falha. Ele é o maior, o mais inteligente, o astro, sempre o melhor.

Você gostaria de ser o Super-Homem? É fácil! É só mandar cinquenta dólares para a loja de fantasias Costume Craze, de Lindon, em Utah, e lhe será despachado pelo correio um traje completo, incluindo a capa voadora e um peito modelado em plástico, mostrando enormes músculos e abdome perfeitamente esculpido.

Não são muitos os que pensariam em vestir-se desse jeito para ir ao escritório,[1] mas em certo sentido milhões de pessoas tentam, sim, viver o sonho do Super-Homem.

Pense em Christopher Reeve, o atraente ator que explodiu no cenário de Hollywood ao atuar como o homem de Krypton no filme do Super-Homem que estreou em 1978. O sucesso do primeiro filme, *Super-Homem*, foi repetido em *Super-Homem II, III* e *IV*, e abriu as portas para Reeve atuar como protagonista em muitos outros filmes importantes.

Ao longo do caminho, Reeve adquiriu uma luxuosa mansão, um iate particular, vários aviões, bem como uma paixão por navegar mais longe, voar mais alto e empenhar-se mais do que qualquer outro. Fez dois vôos solo atravessando o Atlântico. Navegador experiente, ele competia com freqüência em eventos aquáticos. Também gostava de planadores, e certa vez subiu 32.000 pés pelas poderosas correntes de ar acima do pico Pikes, no Colorado. Além disso, esquiava, jogava tênis e praticava mergulho com desenvoltura.

Durante dez anos, após o primeiro filme do Super-Homem, Reeve viveu com a modelo britânica Gae Exton, que lhe deu dois filhos. Em 1987, ele a deixou e se uniu à bela Dana Morosini, que era dez anos mais jovem.

Christopher Reeve nunca usou o seu traje de Super-Homem na rua, mas estava convencido de que o estilo de vida do Super-Homem era o melhor para ele.

Enquanto representava um capitão da cavalaria no fime *Anna Karenina*, descobriu mais um mundo a conquistar: o hipismo. Não demorou muito para adquirir um estábulo cheio de cavalos de raça e começou a competir regularmente nessa modalidade esportiva.

Em maio de 1995, estava programada uma corrida com obstáculos em Culpeper, Virgínia, e no último minuto Reeve decidiu competir. Dana não se sentiu nada entusiasmada ao saber disso.

– Chris, quando é que vamos passar algum tempo juntos como família? – perguntou.

– Talvez no ano que vem. Mas, de qualquer maneira, você pode vir junto para me ver competindo.[2]

Assim, quando a prova começou, Dana sentou-se na linha lateral para observar seu famoso e arrojado esposo que, como sempre, era a estrela do *show*, cavalgando diante do entusiástico aplauso da multidão de admiradores.

Para um homem como Christopher Reeve, os valores de alguém como o apóstolo Paulo deviam parecer incompreensíveis, coisa de lunático. Perto do fim de uma vida intensa de sacrifício e serviço, o idoso apóstolo escreveu:

"Nada façais por partidarismo ou vanglória, mas por humildade, considerando cada um os outros superiores a si mesmo. Não tenha cada um em vista o que é propriamente seu, senão também cada qual o que é dos outros" (Filipenses 2:3 e 4).

É disso que trata o décimo mandamento. O que Paulo expressou com palavras, ele ilustrou com a vida.

DANDO E OBTENDO

Em um momento, enquanto a multidão em Culpeper aplaudia, emocionada, o famoso ator em seu belo cavalo, aconteceu algo inesperado.

No terceiro obstáculo, em vez de saltar, o cavalo Eastern Express, por alguma razão, parou de modo abrupto e baixou a cabeça. Jogado girando para o ar, Christopher bateu a cabeça no obstáculo e depois mergulhou na grama. A violência do impacto rompeu sua medula espinhal na segunda vértebra cervical, justamente onde o pescoço se liga aos ombros.

Em menos tempo do que o necessário para você para ler isto, Christopher Reeve passou de um dos mais brilhantes e bem pagos atores do mundo a um homem dependente dos outros e das máquinas até para respirar. Da atividade contínua, ele passou para aquilo que posteriormente descreveu como "a imobilidade perpétua".

Seria difícil imaginar uma transformação maior. Mas Reeve disse mais tarde que a mudança mais importante ocorrida naquele dia foi um profundo realinhamento dos valores e propósitos para viver. Se você quisesse contribuir para a Fundação Christopher e Dana Reeve hoje, o seu dinheiro não iria para cavalos de raça, barcos de regata ou planadores, mas para encontrar a cura para milhares de pessoas que, à semelhança de Reeve, sofrem danos na medula a cada ano. Durante o resto da vida, Reeve usou a fama, o dinheiro e sua imensa criatividade em favor dessa causa.

Poucas pessoas têm os talentos e oportunidades que proporcionaram riqueza e celebridade a Christopher Reeve. Mas há milhões que, em seu próprio nível, estão seguindo a ética pela qual ele viveu. Suas casas estão atravancadas de coisas. Ao viver além de seus recursos, elas se vêem afundadas em dívidas, oscilando à beira da ruína financeira. Atormentadas e impulsionadas pelo estilo de vida que consiste em obter sempre mais, elas têm pouco tempo para passar com os filhos e nenhum para ajudar os outros ou para cultivar uma vida devocional. Não é surpresa que, em 2005, mais de dois milhões de pessoas se tornaram inadimplentes. Esse é, de longe, o número mais alto da história.

A cobiça é o amor fora de proporção, fora de equilíbrio e fora de lugar. Significa colocar nossa devoção em "coisas" – dinheiro, sucesso, fama – e transformá-las no centro da nossa existência, crendo que são o fundamento sobre o qual construímos a felicidade. As coisas se tornam mais importantes do que as pessoas e suas necessidades.

Assim como os outros nove mandamentos, o décimo fala não só de atos específicos, mas também de valores e atitudes. Ele é não apenas prescritivo, mas descritivo. Ou seja, não apenas nos diz como comportar-nos, mas descreve como as coisas devem ser e revela quem e como é Deus. Acima de tudo, Deus é Aquele que serve, dá e Se sacrifica com amor abnegado.

Como já notamos, o apóstolo Paulo insiste para que nada façamos "por partidarismo ou vanglória", mas que com "humildade" não tenhamos em vista o que é propriamente nosso, senão também o que é dos outros. Nos versos seguintes, ele revela a fonte e a inspiração de um ideal como esse.

"Tende em vós o mesmo sentimento
que houve também em Cristo Jesus,
pois Ele, subsistindo em forma de Deus,
não julgou como usurpação o ser igual a Deus;
antes, a Si mesmo Se esvaziou, assumindo a forma de servo,
tornando-se em semelhança de homens;
e, reconhecido em figura humana, a Si mesmo Se humilhou,
tornando-Se obediente até à morte e morte de cruz"
(Filipenses 2:5-8).

Jesus Cristo é o exemplo supremo para nós. Sua vida foi de humilde serviço. Ele "Se esvaziou" e Se entregou sobre o altar do serviço e do sacrifício. Ao fazê-lo, mostrou-nos um exemplo de compaixão para com as pessoas, de amor prático em ação. É isso que move os cristãos e inspira seus valores. Quanto mais perto chegamos da verdadeira obediência aos Dez Mandamentos, mais perto estamos de imitar o caráter de Jesus e de ser como Ele.

E esse, afinal de contas, é o seu propósito.

O MELHOR CONVITE

Benjamin Franklin teve uma boa idéia. Desejando ser melhor, sentou-se um dia e fez uma lista de virtudes. Depois, metódico como sempre, organizou um cuidadoso plano para alcançá-las.

O que você acha de aplicar a idéia de Franklin aos Dez Mandamentos? Eles realmente são uma tremenda lista de virtudes, não são? Então por que não tratá-los como o mais antigo manual de auto-aperfeiçoamento e pôr mãos à obra até dominar cada um deles?

O apóstolo Paulo diz que esse era exatamente o tipo de religião com o qual ele crescera. Ele e seus companheiros estudavam os mandamentos dia e noite, e se empenhavam em melhorar mediante a obediência aos seus mínimos detalhes.

Mas Paulo chegou a ver essa abordagem como o "ministério da morte". Por quê? Como é que uma sincera tentativa de obedecer aos Dez Mandamentos poderia ter um resultado tão negativo?

Porque isso transformava a religião num livro de regras e a reduzia a uma questão de "letras gravadas em pedras" (II Coríntios 3:7). Paulo contrasta isso com a "nova aliança", expressão que ele tirou da profecia de Jeremias (31:31-33). A essência dessa abordagem é incrivelmente simples. Diz: "Eu serei o seu Deus, e eles serão o Meu povo" (verso 33).

Isso significa que a verdadeira religião não se concentra em regras, mas num relacionamento. E encontra o seu centro não em nós mesmos e nosso comportamento, mas em Deus e Seu amor eterno. Assim, em vez de ser uma escada pela qual laboriosamente subimos, esperando um dia entrar no Céu, os Dez Mandamentos se tornam, como Deus pretendia que fossem, santos princípios designados para nos auxiliar a evitar erros insensatos e um sofrimento sem fim. Eles são verdadeiramente a "lei da liberdade" (Tiago 2:12).

Sob essa nova aliança, a maneira de guardar a lei de Deus também é diferente, porque a aliança inclui uma promessa: "Na mente, lhes imprimirei as Minhas leis, também no coração lhas inscreverei" (Jeremias 31:33). É a isso que se refere o apóstolo Paulo quando diz que os crentes são cartas escritas "pelo Espírito do Deus vivente, não em tábuas de pedra, mas em tábuas de carne, isto é, nos corações" (II Coríntios 3:3).

Aqui está a chave. Isso faz toda a diferença, porque tudo é obra de Deus, e não nossa. Quando o centro da nossa vida é uma relação de amor com Deus através de Seu Filho Jesus Cristo e da comunhão do Espírito, então os Dez Mandamentos saem das pedras e entram em nosso coração.

Uma boa conduta (obediência) que vem só de conhecer o que é certo será superficial e parcial, na melhor das hipóteses. Mas um coração renovado pelo Espírito Santo será capaz de prestar obediência como uma genuína e desinteressada expressão de amor e gratidão para com Deus.

E este é o convite que deixo com você ao concluir nosso estudo dos Dez Mandamentos: entrar sem demora nessa aliança de paz, nesse relacionamento de amor. Aqui está a promessa de Deus a todos os que respondem. Espero que você a considere com carinho e a torne sua:

"Aspergirei água pura sobre vós, e ficareis purificados ... Dar-vos-ei coração novo e porei dentro de vós espírito novo; tirarei de vós o coração de pedra e vos darei coração de carne. Porei dentro de vós o Meu Espírito e farei que andeis nos Meus estatutos, guardeis os Meus juízos e os observeis" (Ezequiel 36:25-27).

---

[1] Nem mesmo Clark Kent [o personagem] vestia o seu traje de Super-Homem para trabalhar.

[2] Christopher Reeve, *Still Me* (Nova York: Random House, 1988), capítulo 1.

Se você gostou deste livro, leia também:

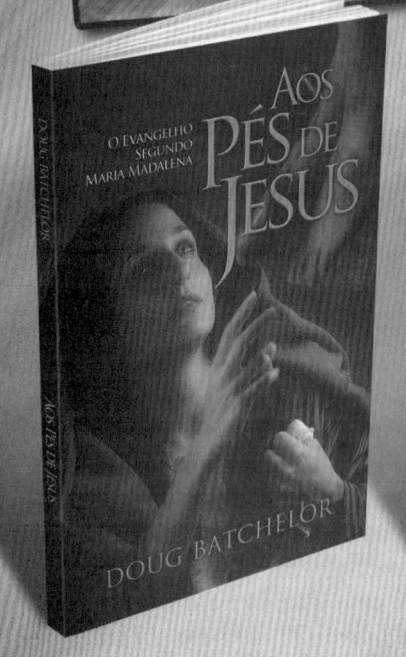

Aos Pés de Jesus revela a beleza do evangelho com vislumbres originais através dos olhos de Maria Madalena. Uma criativa versão da verdadeira história de uma mulher que foi transformada pelo amor de Jesus.

Cód. 9088

Passaporte Para a Vida
Se você deseja saber por que está aqui e para onde vai, se enfrenta problemas como a culpa, a solidão e os traumas que não lhe permitem ser feliz, eis as respostas que esperava. Deus tem um plano e um propósito para cada uma de Suas criaturas. Conheça esse plano. É o seu passaporte para uma nova vida.

Cód. 7665

Adquira hoje os seus!

Ligue	Acesse	Faça seu pedido no	Ou dirija-se a uma das
0800-9790606*	www.cpb.com.br	SELS de sua Associação	Lojas CASA EDIÇÕES

*Horários de atendimento: Segunda a quinta, das 8h às 20h30 / Sexta, das 8h às 16h / Domingo, das 8h às 14h.